MBTI® 啟動孩子的 優勢潛能教養法

破解16型性格密碼，輕鬆溝通、適性教養

榮獲全國特殊教育 **潘美祁** 師鐸獎

榮獲全國特殊教育 **蔡翠華** ◎合著
行動研究優等獎

國內第一本運用
MBTI® 性格類型分析
的成功教養學

暢銷修訂版

目錄 contents

Part 1

關於性格類型指標 MBTI®

Part 2

找出孩子的 優勢性格

目錄 contents

Part
3

尋找孩子的
性格密碼

目錄 contents

藉由 MBTI® 的幫助
好好認識自己！

MBTI® 是對孩子成長
最有用的軟實力

◎朱德成 Lawson Chu　　A.PLUS 優卓管理諮詢創辦人與集團總經理

　　「一個人畢其一生的努力，就是在整合他自童年時代起就已形成的性格。」這是心理學大師榮格 Carl Jung 其中一句名言，我非常認同。如同心理學常常說的「冰山理論」，性格就是冰山底層的一部分，不管我們看得到的冰山表像是何其豐富，深層次的基礎對任何人的影響都是關鍵的出發點。正因如此，從童年開始認識自己並打造好性格的基礎非常重要。從榮格到 Myers-Briggs 這對母親與女兒，他們研究 Myers-Briggs Type Indicator （MBTI®）最初也是從學校學生開始的，可見性格從小培養是非常重要的。

　　過去多年，從學校到工作，我非常幸運都可以在心理學應用領域不停琢磨。回想 90 年代，有幸作為首批華人開始專業學習 MBTI® 的相關研究，並成為第一位涵蓋中港台的三語華人 MBTI® 認證顧問，把中文版引進大中華地區，而也因為這樣，很高興在 2007 年，當 MBTI® 中文版認證課程正式引進台灣時，我才能有機會認識潘美礽老師。

我記得第一班的 MBTI® 台灣認證課是在台北圓山飯店舉行的。我第一次看到美礽老師時，對她和諧與親和的專業老師形象印象非常深刻，她讓我想到特蕾莎修女 Mother Teresa 的感覺。果然，專業的 MBTI® 訓練還是有根據的。我觀察美礽老師的 MBTI® 類型正是關懷照顧型（ISFJ），就是跟特蕾莎修女一樣。美礽老師在介紹自己來參與認證課程的目標，那時的樣子，至今我仍歷歷在目，還記得她說，希望把自己的職業下半場貢獻在家庭與親子教育上，因此我對她的學習動機更是佩服！因為在百分之七十以上來參與應用心理學，例如 MBTI® 認證的，都是以企業應用為主，難得美礽老師是希望使用它來貢獻我們核心的家庭與孩子，所以特別敬佩。

我的 MBTI® 類型是自由樂活型（ENFP），我喜歡多姿多彩的豐富。對比美礽老師作為一名溫暖的關懷照顧型（ISFJ），能有一位如此有經驗、有抱負的專業老師，願意把自己的使命，付出投入在最有意義的家庭與親子心理學應用，我覺得非常感動。在地球村上，我們最需要正能量，而這種正能量更需要在最核心的家庭內產生源動力，從小協助下一代好好培養，才是真正貢獻未來最有意義的一件事。

美礽老師在認證過後更是以身作則，身體力行。那麼多年來，在我訓練過的好幾萬名心理行為學的學員中，能把學習到的 MBTI® 性格理論長期恆久的實踐到非商業環境中，特別是家庭與親子主題的，美礽老師真的是我見證到屈指可數、以終為始的學員。所以很高興看到她準備出版一本屬於我們華人的家庭親子主題，關於 MBTI® 性格類型的經驗應用書籍，我覺得特別寶貴。

　　拜讀完美祁老師的著作內容後，我更高興美祁老師可以把十幾年前學習的專業知識，融會貫通，延伸到小孩性格發展並加以應用。書中用到的很多案例都非常實用，並具有啟發性，我相信絕對能幫助很多家長在追求學習分數之外，投放時間與耐心，幫助孩子們像榮格說的，用真實的自己打造好一個性格基礎，面對無限可能性的未來人生。

　　從事心理行為學那麼多年，我擁有不少專業心理行為學的專業資格。如果真的要我**選擇一個方法來幫助小孩成長發展，我一定會選擇**MBTI®。我們一句老話「本性難移」，還有一句「三歲定八十」。我們控制不了環境發生了什麼，可是我們**可以控制我們如何面對外部世界的態度、觀察事情的角度、做決定的模式與面對世界的生活方式，這四個層面正好就是 MBTI® 關鍵的的四個核心維度**。如果可以幫助家長與小孩在家庭中奠定好性格培養的基礎，認識自己的優勢，接納自己的盲點，用成長思維調整自己面對世界的一切，我相信對孩子們成長是最有用的軟實力，也是貢獻社會正能量一個最好的基礎建設。

　　最後，我相信透過美祁老師的用心分享，在這書中，大家必定能打開瞭解自己，瞭解別人，共創美好社會與人生的一扇正能量大門。期待美祁老師持續推動正向心理行為學，在我們的能力上發揮像特蕾莎修女一樣的有意義的使命。

理解孩子
找到快樂成長的方向

◎范巽綠　教育部政務次長

　　本書所介紹的 MBTI® 性格分類方法，是由瑞士著名心理學榮格《心理類型》的概念發展出來，近年來提供管理、人力資源、教育等領域諸多訓練素材，在管理領域的運用普受重視。榮格認為，探討個體的差異對人類社會發展極為重要，透過理解個人對幸福的不同需求，更能讓不同類型的人彼此理解與相互認可。現今台灣社會多元文化並陳，「差異」是普遍存在的現象，相互理解、溝通信任非常重要。

　　在我的工作場域上，經常觀察到人際溝通或政策意見的歧異，要能做到心平氣和地好好溝通，並非易事。隨著社會民主與多元發展，人們可以從各種不同的管道表達個人意見。很多時候，我們希望彼此面對差異和不同時，能夠以尊重的態度與良善的出發點來溝通，但事實上有其困難，這時，教育就扮演著關鍵角色。

　　108 學年度起，推動十二年國教新課綱，講求「自發」、「互動」和「共好」理念，對學生管教的觀點保持適性、開放、尊重與欣賞，同時鼓勵學生由被動接受者轉換為主動參與者。我想，這本書的出版，恰好提供家長一種理解孩子的理論背景，同時也提供許多同理和對話

的練習。書中文字深入淺出，貼近讀者（家長）的心緒與經驗，作者設計了一些簡單的練習，讓家長不只是瞭解，更能透過體驗的過程中，從孩子的角度來理解他們的思考、語言與行為。

另外，本書的內容適切地傳遞十二年國教的教育精神、以「互動」和「共好」的理念，協助家長增進溝通能力，也提供示例讓家長學習運用信任與好奇的角度，聆聽及理解孩子。**良好的家庭教育及親子溝通，有助於孩子透過生活體驗與覺察，建立健康積極的人生觀，強化人我互動與關係，進而積極參與社會事務並服務社會。**

最後，雖然性格分類在心理學研究上有其嚴謹的發展，但 MBTI® 性格分類方法在企業管理領域已經開闢了一番天地。今天能在台灣看到性格分析出版應用於親職教育，具專業卻也充滿興味，令人欣喜。

十分感謝作者願意耕耘親職教育，造福許多家長、教師與學子！我們相信：理解孩子，是親子溝通的第一步，可以幫孩子找到快樂成長的方向，充滿幸福的未來。

揭開子女神祕面紗的捷徑

◎林啟鵬　圓心心理諮商所前所長

　　為人父親我比較難以釋懷的是，我在老二選填志願科系時，給錯建議了，偏偏那時候的她又很聽話，而我對自己的觀察又深信不疑（因為她平常都會看社工輔導類的雜誌，所以鼓勵她選讀助人專業科系），現在回想起來我實在不夠瞭解自己的孩子。如果當年有機會拜讀兩位老師的這本大作，並進行相關測驗，根據科學過程所得的客觀證據，也許我可以提供更符合她性向的建議。

　　俗話說：知子莫若父，知女莫若母。但是天底下真正能瞭解子女，做孩子親密知己的父母又有多少呢？他們好像蓋上一層（或許很多層）神祕面紗一樣，雖想一窺究竟，卻總是不得其門而入或是鎩羽而歸，若是遇上緊鎖心窗的青少年，更是苦惱不已，不知如何才能揭開層層的神祕面紗？知己知彼始終是人際關係的莫大挑戰，也是第一個要跨越的門檻。

　　其實古今中外不乏了解孩子的方法，但是真正具有理論基礎，且經過科學驗證的方法實在屈指可數。由此可見，根據分析心理學大師榮格的性格類型理論，所發展出來的學說——性格類型指標（MBTI®）更是彌足珍貴。細讀本書可以理解這個理論，簡明易懂、分類清晰周

延（只依據四個維度將人分為十六個性格類型）且可靈活運用，它不只可用在親子關係上，幫助父母自我探索、瞭解子女，也可適用於其它的家人關係如夫妻、婆媳、乃至兄弟姊妹之間的瞭解與溝通互動，都能提供具體可行的方法，對於受苦於家庭關係困擾的現代人，可說是一盞指路的明燈。

人是神祕奧妙的存在，孩子更是如此，從投胎、出生、成長以至於青少年乃至成年，影響他們的因素可說是數算不盡，這麼錯綜複雜的脈絡大約可歸為三大類：父母祖先的傳承（基因、教養、心理與性格形塑……等）、時空環境的影響及自己與生俱來的天賦及氣質性情，其中最為神祕奧妙，也是最難精準瞭解與掌握的，應是天賦、氣質性情與性格或習性，這也是許多心理學家想要解決的難題，尤其是為人父母者渴望獲得的答案，兩位老師編寫此書，剛好適時回應、滿足了這些需求，只要熟讀此書，便可掌握揭開神祕面紗的訣竅。**如果能按部就班的跟隨作者的思維理路，確實做每一個練習，不但可以找出自己與孩子的性格類型，也可善用適合子女的教養策略與溝通技巧**，使得潘老師的夢想也能在自己家中實現，而親子關係也一定能更加親密和諧。

本書是由兩位老師累積多年實務經驗，接觸成千上萬的案例，**根據紮實的理論基礎所萃取的精華，它提供一個簡明的架構及具體可行的方法，讓親子及家庭成員之間能深入瞭解彼此**，進而培養諒解、接納與包容，相信家庭內與兩代間的悲劇可以因此倖免，且衝突困擾也會改善不少。

當我們理解人們因性格類型的不同而有個別差異時，也許可以進一步思索造成人際困擾的根本原因是什麼？雖然人們對改善關係的基本原則（包容、接納、體恤、關懷、同理、尊重、平衡、設身處地為

人著想……）都知之甚詳、瞭若指掌，但爭執衝突仍時有所聞，可見關鍵不是知識與資訊的缺乏，而是另有更為根本和普遍的原因，依筆者的體會那個癥結便是普遍存在於多數人心中的自我中心在作祟，如何消融自我，突破自他的分別，進而達到「愛人是己」的境界，應是人際困擾較為究竟的解藥。

　本書對親子關係中如何瞭解自己和子女及溝通技巧與相處之道著墨甚多，難能可貴的是還論及婆媳在教養下一代的相關議題，可惜的是對婚姻關係卻較少討論，不過如果精熟性格類型的原理，也可以觸類旁通、舉一反三，靈活運用到夫妻關係的經營上，以提昇婚姻關係的品質，讓它成為面對親子及婆媳衝突的堅固磐石。當然我們也樂於期待兩位老師能大發慈悲再接再厲，針對婚姻或兩性關係（例如：結婚還是單身？如何找到好愛人或伴侶，或如何破解婚姻的枷鎖……）另行出版專書，相信這更能直接利益到眾多在婚姻感情受苦的大眾。

　潘老師令人佩服的是即使已從輔導職場退休下來，她仍然念茲在茲的勤學不已，不止花了不少時間心力及高額的學費從頭學習性格類型理論，而且在學成之後，即使身體欠安，還滿懷使命感的到各個學校機關團體分享她的專業學識，直接的利益許多家長及民眾。去年她又三番兩次抱病不辭辛勞的與我討論出書的構想，本來我提醒她人生苦短，好好療癒身心為自己的晚年生活做準備，沒想到她鍥而不捨，堅持完成著書助人的理想，筆者除了欽佩她的不恥下問、求知若渴、勇於奉獻犧牲的精神與堅定奮鬥的意志力之外，也暗自慶幸她沒有採納我的建議，這本獨特珍貴的書（目前台灣似乎還沒出現類似主題的專書）才能順利出版，筆者感到汗顏外，也深感榮幸能為此書寫序。

我，你，我們

◎林福來　國立臺灣師範大學名譽教授
　　　　　遠哲科學教育基金會董事長

互相關懷是人本的善念！

關懷，如何能透心？

了解我，

了解你，

「我們」之間的關懷，就能透。

了解你、我的性格，是我們順暢溝通，深度互動的基礎。

人的性格，有天生的，有成長過程中養成的。性格主要表現在「互動」、「認知」、「判斷」與「行動」等四個構面。每個構面個體的性格傾向簡單二分後，就形成 $2 \times 2 \times 2 \times 2 = 16$ 種性格特徵。

　‧與人互動，注意力的聚焦方向；有內向型與外向型。

　‧認知，如何認識新事物；有實感型與直覺型。

　‧判斷後，做決定的依據；有思考型與情感型。

　‧行動，喜歡的生活風格；有果斷的與隨性的。

本書作者，累積多年的學校輔導經驗，從眾多的個案中，選擇妥適的敘事，詮釋各個構面中，兩種性格傾向的差異，並且很有結構的將十六種性格，畫龍點睛，命名定型。像拼命三郎型、開心果型，好奇分析型等等。每一性格都冠上建設性的正面性格傾向意涵，非常適合師生、親子、朋友間共讀。

了解個體的性格傾向，了解性格類型對教養上的啟發，要從教養的基本理念來看。教養，不外乎「挑戰」與「支撐」的交錯互用。挑戰其強項，順勢發展之外，教養更需鷹架式支撐其弱項，以成就普羅大眾的全人發展。

以數學學習為例，數學是發展思考，培養解決問題能力的學科。個體的思考習性，有圖像思考傾向的，也有語文符號思考傾向的。極端傾向之外，更多的學子多半是兩者兼具，但不極端的調和式。可能調和偏圖像，也可能調和偏語文符號。

數學教育文獻證實，極端圖像思考型的學生，在不同年級，先是碰到同是圖像思考型的數學老師，而表現卓越。後來，換了語文符號思考型的老師，數學表現，一蹋糊塗。當師生思考傾向一致，學生的學習，受惠良多。但是學校編班，不容易以思考傾向為根據，配置師生組成班級。因此，教室內，數學內容的表徵，既要圖像，也要語文符號，將數學的多種表徵都呈現，是我們提供給各式思考傾向的學生，讓他們能夠有良好學習機會所必須做的。

了解性格類型，搭配溝通方式，全人發展需要挑戰與支撐。本書提供我們打開關懷透心、有效教養的一把基鑰。

透過 MBTI® 在性格地圖上 找到自己的座標

◎**彭菊仙**　暢銷親子作家

　　我一邊閱讀此書，腦袋一邊跳出一幕幕咱家三個性格截然不同的孩子和我互動的種種畫面，特別是難解的死穴和卡點。

　　比如，每到段考前，我都會要求孩子做一個考前複習計畫，老二凱凱送上來的一定是一張讓媽媽我完全放心、甚至讚嘆不已的讀書計畫，不但格子畫得整齊清爽、每一個科目複習進度填寫得極度詳實、連幾點到幾點要做什麼都規劃得非常精確；而鈞鈞給我的通常就只有幾個字，例如，上午：數學；下午：國文及寫複習卷，有時鈞鈞甚至覺得根本不需要寫下來，直接瀟灑回答一句：「媽，我口頭跟你報告就 OK 了！」

　　我這個媽媽的反應是什麼？依據 MBTI®，我和凱凱同一類型，也就是我們的處事風格都是屬於需要設定清楚目標、具體計畫、按部就班行事、深怕有任何閃失與變動的人，因此，看到凱凱的計畫，我因為非常安心就大膽交給他自我管理；而每次考前，我幾乎都會和鈞鈞起衝突，原因是，我完全無法苟同他大而化之的模式。

我總是問他：「可不可以精確地算出來每一科的每一課要複習的時間？你只簡單寫著『複習國文』，但是總共有三課要複習欸，每一課總要一小時吧，還要寫評量，那你一個上午不夠怎麼辦？請你務必把時間算清楚，然後寫出來！」無論我軟硬兼施，鈞鈞永遠臭臉一擺，撂下一句：「完全不需要！我自己知道就好！」接下來，我會緊盯哪一隻呢？當然是鈞鈞，因為不放心。

不過奇妙的是，每次考試結果，和我行事風格南轅北轍的鈞鈞也不見得考得差，有好幾次還拿了很漂亮的成績，特別是大範圍的考試，我總歸因於他會猜題、運氣好。看了潘老師的 MBTI® 性格分析才恍然大悟，原來，鈞鈞是屬於「直覺＋隨性型」的性格。他雖然不喜歡拘泥於細節，卻很能掌握大方向、善於做整體、全像式的判斷，因此對於大範圍的考試，結果通常都比預期來得好。

而凱凱是屬於「實感＋果斷型」的性格，實事求是、就事論事，注意脈絡與細節，善於計畫且執行力很強，但卻容易糾葛在細節裡。如同潘老師所述，這類的孩子很會考小考，因為細節掌握得很清楚，但是面對大範圍的考試，卻容易見樹不見林，缺乏鳥瞰全局的綜合比較能力。

我依稀記得凱凱在國中準備會考時，雖然極度用功，但模擬考卻一次考得比一次爛，令我匪夷所思。凱凱自我分析之後跟我說：「媽，模擬考範圍一次比一次廣，我愈來愈不知道每一個題目到底要考什麼，這讓我愈來愈害怕，我可不可以去補習班多見識一些題目，好訓練我的整體判斷能力呢？」因為認知到自己的弱點而做了適當的補強，因此最後凱凱也如願進了心目中的理想學校，如今對潘老師的分析，我更清楚不同個性的孩子真的需要截然不同的引導。

回到大而化之的鈞鈞，果然在執行工作時，常常因為計畫不周全而無法將進度完成，甚至會遺漏一些進度，因此，我知道我絕對需要在這部分有更多的參與引導，每次做讀書計劃，我都會順著他的大方向、耐心地請他進一步補充必要的細節。隨著一次次練習，我發現，這樣隨性型的孩子也能被磨練出具體計畫的能力。

這本書真的很有意思，依據 MBTI®，我好像把自家孩子的性格透視圖都顯影出來，包括他們交友、娛樂、工作、做決定、反應的模式，我也更領略到，性格真的沒有好壞，或許我主觀認定某個孩子的某項缺點，反過來卻是他生存上的最大優勢；而我一昧讚賞的優點，在對照 MBTI® 之後，也才發現隱藏著負面影響。

這本書不僅分析十六種性格類型，最棒的是，潘老師**對於不同類型的親子組合提出了非常具體有效的教養策略，本書的敘述條理分明、組合類型完整又細緻，每一對親子都能在性格地圖上找到自己的座標。**

我認為這本書不僅能運用在親子相處之上，各種型態的人際關係，包括夫妻、公婆長輩、親師、師生、同事朋友，都非常受用。我不僅推薦給父母師長，更推薦給對性格類型有興趣、並企圖增進人際互動效能的朋友們。

將 MBTI® 內化到生活中，
隨處皆適用

◎**楊桂英** 中國人壽業務經理
（壽險公會表揚「人身保險優秀從業人員」）
前三重商工輔導主任（全國優良教師「師鐸獎」）

美礽和翠華兩位老師是我任職三重商工時亦師亦友的好同事，她們不僅本科專業，更願意跨領域學習各種知識，尤其是 MBTI® 性格類型的鑽研，進而將其研究心得與教學經驗回饋社會，實在令人敬佩！欣聞美礽、翠華老師合力著手將過去的研究心得及教學經驗整理成書，並不斷修正操作上的問題，讓理論更貼近實際，使之有系統的呈現，更讓這本書成為一本性格分析的教養指引手冊，方便使用者隨手翻查。

我的人生上半場，27 載春風化雨的日子裡，雖然曾獲教育界的最高殊榮「師鐸獎」，但對於始終無法提升溝通技巧至盡善盡美，心中仍留著一絲絲的悵然。

退休後，有感於理財規劃的重要，毅然決然轉戰保險業，並期望帶領更多志同道合的人，一起幫助那些需要理財規劃的家庭或個人，成為他們家庭經濟的守門員。這些年，無論是行銷、培育輔導新人或

經營管理團隊，方方面面也都須要「溝通」，因此，為了提升溝通技巧，尋尋覓覓又接觸了許多課程及工具，但仍覺力有未逮。

猶記 2012 年 2 月，熱心的美礽老師跟我分享了她的「MBTI® 16 型性格分析」，讓我驚為天人，簡直是從天而降的禮物，立即邀請她為我的團隊舉辦一場「知己知彼～提昇親職與職場之溝通能力」的講座，讓大家耳目一新，收穫滿行囊，佳評如潮。看到夥伴們經由這次的學習與改變之後，行銷與組織發展功力倍增，個個如魚得水，喜不自勝，身為主管的我更是倍感欣慰，徒呼相見恨晚。

而相較於 2012 年的講座，本書的可貴之處在於，**只要透過案例的分析及操作練習，就能認識「MBTI®」**，並加以應用，若能內化到生活之中，便隨時隨處可用，得心應手之後，宛如一把隱形的寶劍，劍及履及，天下無敵。不似坊間許多類似的人格類型分析，都必須倚賴「評量工具（測驗）」的結果，才能進一步分析，以致它的時效性、應用的流暢度大打折扣，而其分析結果常令人不知其所以然，以致功效大差一截。

美礽老師希望我為此書寫推薦序，讓我感到無比榮幸，無論以教育工作者或金融保險工作者的立場，都覺得此書的功用無可設限。

我認為本書不僅是一本完全針對孩子的性格類型做分析而完成的親子教養書，也是目前台灣所有親職教養書完全沒有的內容。另外，以我歷經兩個不同職涯工作者而言，這本書更應廣泛應用於：人際關係輔導、職業生涯規劃、事業發展和探索、管理和領導培訓、教育及學術輔導……等，以幫助更多的人。

藉由 MBTI® 性格類型瞭解孩子

◎謝明真　新北市私立哈佛園幼兒園園長

社團法人中國文化大學青少年兒童福利研究所

系友會理事長

社團法人新北市生命小鬥士愛心協會理事長

◎李錦雲　中州科技大學幼兒保育與家庭服務系兼任講師

社團法人中華青山春社會福利協進會創會理事長

社團法人新北市生命小鬥士愛心協會理事長

新北市三重區幼兒教保協會第 7 屆理事長

　　在孩子成長階段，父母假如能瞭解彼此的性格傾向，較能因材施教，因勢利導；假如父母不瞭解孩子，只是一昧地要求孩子依循自己的性格優勢或是社會的主流價值，可能在不知不覺中壓抑了孩子的發展與創造力。

　　當然，除了引導孩子發展他的優勢傾向之外，同時也要教導孩子如何欣賞或使用另一個不熟悉的傾向「盲點（潛能）」，讓孩子在日常學習與人際關係都能游刃有餘，成為受歡迎的學生。比如你的孩子是樂於分享型（外向型）還是喜歡獨處型（內向型）？內向型 VS 外

向型，各有不同的方法，達到教養得宜的目的。

在文本中也談到，父母如何跟孩子建立親密關係：傾聽親子交流的聲音。

內向型（I）和外向型（E）─北極與南極

實感型（S）或直覺型（N）─地球人與外星人

思考型（T）及情感型（F）─理性與感性的光譜

果斷型（J）及隨性型（P）─刀與水的競逐

透過本書，面對彼此的個性差異，字字句句都值得省思。

透過 MBTI® 來了解孩子，最重要的目的，是提醒身為父母的我們，每個孩子都有與生俱來的差異，如能透過適性的方式多加引導，孩子就能在成長路上發光發熱。反過來說，如果強力要求孩子改成另外一種性格，不但親子關係容易出現裂痕，而且成效也不會太好。

孩子的性格是與生俱來的，不是被「教導」而來，也不容易「改變」，所以父母要思考如何找出孩子的優勢，進而協助孩子帶著這些天賦寶藏順利發展。

有效教養的鑰匙其實掌握在父母身上，藉由 MBTI® 性格類型瞭解自己的孩子，用孩子能接收、能聽懂，願意配合的方式來和孩子互動，指引大家：因材施教、因勢利導，創造雙贏的親子關係。這是一本深入淺出，具有專業度，值得細讀的一本好書。

藉由 MBTI® 性格類型
開啟適性交流之門

◎潘美礽

> 我有一個夢，希望所有的師長不再為教養孩子而茫然失措，
> 希望所有的孩子能夠享受父母的愛與尊重。

　　在書店裡常會看到一排又一排談論教養的書籍，可見親職教育是現代父母最重視的課題。許多家長可能會發現，孩子越大越不知道怎麼跟他們說話，越來越不知道他們到底在想什麼？也越來越不瞭解他們為什麼這樣做，那樣做？父母想對他們好，為什麼搞到後來彼此都不好受？到底應該怎麼做，才能不破壞親子關係、又能達到雙方都好的目的？

　　這也是我一直在思索的問題。身為老師，我有幸比一般家長看到更多孩子不同的面貌：有的孩子在課堂上安靜無聲不發一語，但作文或週記卻寫得洋洋灑灑，令人驚豔；有的孩子在討論時滔滔不絕停不下來，但內容常是天馬行空沒有焦點；有些孩子喜歡命令別人；有些孩子則專注在自己的事情上；有些孩子一定要遵照老師的話做，有些孩子則愛自己觀察；有些孩子會將周遭打理得井井有條，有些孩子則丟三落四、座位亂七八糟……。問題就在於不同的性格類型。

　　我常在想為什麼孩子跟我想像的差那麼多？我到底應該怎麼做才能與各式各樣的孩子溝通，進而啟發他們的不同優勢，並達到自動自

發的學習目的呢？這是生命中擔任數學老師和從事特殊教育以後，經常會思考的問題。

而促使我積極投入親子溝通研究的動機是我最好的朋友所分享的家庭故事。她的大女兒聰明伶俐，目標明確，但言辭犀利，得理不饒人，總感覺她對人冷冰冰的，沒什麼同理心，和家人關係也不親近；小兒子則剛好相反，敏感體貼，善解人意，但生活散漫，好像沒什麼目標。兩姐弟因為個性差異太大，常常為了生活小事爭吵，要姐姐遷就，她總有很多意見，要弟弟退讓，而弟弟又覺得十分委曲，這些時不時就發生的衝突，最後引發家庭失和，姐姐故意考取了離家最遠的學校，四年住宿，不與弟弟溝通說話。這件事真的讓她很傷心，但卻又不知所措。

我聽了之後十分訝異，難道親密的家人真的會因為性格的不同而導致這麼嚴重的後果嗎？抱持著協助好友提昇家庭生活品質的決心，我開始尋找各種有效的親子教養方法，並加入許多不同的工作坊，直到 2007 年之後，我參與了 MBTI® 性格類型的專業訓練，終於真正瞭解了孩子的個別差異，而找到了有效溝通的解方。

MBTI® 性格類型是一套簡易及科學的方法，引導我們在複雜的人類行為中，從了解一個人與外在世界互動習性（內向–外向）、觀察事情收集資料學習的方法（實感–直覺）以及如何感受做出決定（思考–情感）

MBTI® 講師證書

和對時間的掌控與生活風格（果斷－隨性）等 4 個面向，揀選出幾個重要的面向，進而提供了解不同性格類型的建議方法。

接著用以瞭解個人的感覺、思考、態度及做法，有了這些具體的參考框架之後，任何人都能**擁有一把人際溝通的鑰匙，開啟適性交流之門。**

2010 年我在社區大學開設系列課程，參與的學員都有非常正向的回饋，他們欣喜地發現，學會了觀察性格類型之後，不但化解了過去多年的傷痛誤解與心酸血淚，在夫妻相處或是親子甚至婆媳互動上，都比過去擁有更好的溝通品質。

這本書是我實踐夢想的第一步，內容記錄了我個人或是學員的生命故事，這些經歷讓我更清楚而且有把握的知道，**MBTI® 性格類型是一套非常有效的工具，可以協助人與人順暢地溝通、表達、提問或要求。**

因此，為使更多人能獲益，我將過去的研究心得及教學經驗整理成書，將它更有系統地呈現在讀者面前，大家一定能在本書中探索自己與孩子的思維與心態，並藉由本書更加瞭解自己和孩子的快樂、傷心、雀躍、痛苦，進而創造良好的親子及師生關係。

最後我要感謝新手父母出版社的總編小鈴與編輯瀞文，對本書的青睞與促成，以及謹慎細心地編修，才能使本書以這麼精緻的面貌和讀者相見。其次，要特別感謝 MBTI® 的老師朱德成 Lawson Chu 及林啟鵬老師，不但在 MBTI® 的學習領域裡，帶領我們不斷成長進步，也對本書的書寫方式及整體架構提出非常精闢且實用的建議，使本書得以逐步建立完整的體系。最後，要謝謝過去與我一同研讀練習過 MBTI® 的學生、家長以及所有個案，沒有你們的參與分享及腦力激盪，就不會有這麼多精采的範例及方法，在此一併致謝。當然，我的先生以及兩個子女在我寫作歷程中，提供很多寶貴意見，你們的支持與鼓勵，使我在書寫時沒有後顧之憂，藉此也要向我最親愛的家人說聲感謝。

藉由 MBTI® 性格類型
重新認識自己

◎蔡翠華

> 性格類型是一個探索「人」的理論與工具，
> 透過這些學習與實作，可以獲得很多能量。

　　我與潘美礽老師結識於二十年前，當時我們一起任職於高職特殊教育班，共同致力於身心障礙者的學習與就業的職前準備。我初出茅廬，雄心萬丈，一口氣幫學生規畫了一、二十個實習職場，並邀請老師們巡迴各處，進行輔導。

　　潘老師溫暖堅定，務實細心，不但沒有嘲笑我不顧現實，異想天開，反而無條件地支持我，鼓勵我，並且努力地執行這個艱難的使命。一年之後，我們創造了畢業生百分之百的就業奇蹟，成為全國高職特教班的傳奇，潘老師也榮獲了全國特教優良教師的獎勵。現在回想起來，如果沒有潘老師的負責奉獻，依我昧於實踐的個性，再遠大的理想，最後一定是不了了之。

　　2007 年潘老師修習了性格類型的課程，我也恰好轉任輔導老師，基於好奇，我邀請潘老師擔任講座，引導其他老師學習性格類格的分析。我初學乍練，現學現賣，偶爾用在師生溝通上，似乎頗具成效。

　　印象最深刻的一次是，有個學生因為人際困擾而有自傷傾向，但

他在國中階段有一段很糟的輔導經驗，所以發誓絕對不再走進輔導室。學生不願走進諮商室，那究竟要怎麼輔導呢？

我左思右想，最後靈光一現，將這個困境拿去請教潘老師。她還是一貫地溫暖關懷，提供我針對學生性格可以實施的策略。我拿到實戰技巧之後，先在學校後花園中和那位學生晤談，我使用「講求事實、條理分明的說話方式」，果然切中學生的思維邏輯，後來這位學生不但願意走到輔導室，還每天中午到我的座位旁來吃午餐。這真是太神奇了！

有了這次的成功經驗，我開始認真學習性格類型，廣泛地運用在個案身上，使我能更快速掌握學生的問題，大大提昇了輔導的成效。**性格類型是一個探索「人」的理論與工具，透過這些學習與實作，可以獲得很多能量**。我重新認識自己，也瞭解自己在個性上的優勢與盲點，家庭生活比較和諧，專業發展上也更有自信。

此後，我又與潘老師開辦讀書會，為新住民及高中生做團體輔導，協助社區民眾將這個理論技巧運用在學校、家庭，以及生活的各個層面上。在這個歷程當中，我見證到潘老師精益求精，不斷地努力進修，修正操作上的問題，讓理論更加貼進實際，運用起來更加順暢。

許多過去上過課的學員覺得這些方法實用有效，希望能在平時就有一冊在手，隨時翻查。而潘老師也認為時機成熟，足以成書，她希望我來共襄盛舉，基於過去的情誼與合作經驗，我當然義不容辭。在寫作的歷程當中，我們反覆討論，字斟句酌，希望能提供給老師與家長們更多的助力。書中所有的案例，都是潘老師及我的家人學生所發生的真實事件，因為他們的經驗，使我們得以從中受益，在此一併感謝。

關於性格類型指標
MBTI®

從人類如何與外在世界互動後（看、聽、聞），將所接收到的信息資料進入腦中，重整分析並做出判斷，接著做出反應，付諸行動，將此分為四種運作模式（在此皆稱為「維度」）。像這樣的四個維度，它們各自有兩種不同的傾向（偏好），因此將人的性格分成四對特徵（共八個傾向），並發展成一套簡易而細緻的評估工具，稱為性格類型指標（簡稱 MBTI®）。

性格類型指標
（MBTI®）發展源由

　　很多家長都會發現孩子有不同的個性，老大是這樣，老二是那樣，好像沒辦法用同樣的方式來教養。事實上，心理學家很早就發現這個現象了，卡爾‧榮格（Carl Gustav Jung，1875-1961）曾經出版過一本《心理類型》的書，把人的行為風格和學習模式等等，分成幾個不同的面向來觀察：內向（Introversion）／外向（Extroversion）、實感（Sensing）／直覺（Intuition）、思考（Thinking）／情感（Feeling）……，他認為每個人的性格類型雖然不同，但還是可以看到某些共通的地方。

　　之後，心理學家碧瑞斯‧邁爾（Isabel Briggs Myers，1897-1980）家族在第二次世界大戰之後，希望全民都能適才適用，為國家貢獻心力，因此就和她的團隊深入研究榮格的《心理類型》理論，將本來的維度重新分析，並加入一個新的維度：果斷（Judging）／隨性（Perceiving），透過這四個維度發展成一套簡易而細緻的評估工具，用來選拔不同領域的人材。這套評估工具就稱為性格類型指標（簡稱 MBTI®）。

　　從右頁的圖示可以看到，當人一睜開眼睛要參與外在世界活動時，很自然地就會以他與生俱來的習性來行事，由此可以觀察到，他究竟比較關注自己內在世界的思考想法，還是比較注意外在世界的人與事，前者是內向型（I），後者是外向型（E）。其次，在生活中有許多複雜的訊息資料，會進到人的大腦之中，有的人傾向於用各種

感官來經驗感受，有的人則是運用第六感來洞察想像，前者是實感型（S），後者則是直覺型（N）。獲得了訊息資料之後，就要將所有東西統整做出回應及行動，有的人會理性地分析權衡，冷靜地做出決定，有的人則是會仰賴個人的價值觀、體察重要他人的感受，然後才下決定。前者是思考型（T），後者是情感型（F）。而果斷型（J）和隨性型（P）講的是生活習性及處事風格。有的人會有規劃、有目標，快速且果斷地行動；有的人偏好隨遇而安，按照自己的步調，悠閒自在地做他想做的事。前者是果斷型（J），後者是隨性型（P）。

MBTI® 性格類型指標示意圖

觀察事物的方式

S or **N**

與外在世界互動

習性

E or **I**

大腦內的
運作歷程

生活與

做事方式

J or **P**

做決定的依據

T or **F**

順應性格類型
啟發孩子潛能

從事親職教育的歷程中，常會碰到家長提問：

1 孩子個性內向，遇到親朋好友都不會打招呼，別人問話也不回答，有時會搞得場面尷尬，不知如何是好？

2 孩子過於活潑好動，特別在公眾場合就人來瘋，像脫韁野馬，怎麼辦才好？

3 孩子個性懶散，擔心將來在社會上會不會競爭力不夠？

4 孩子太過固執，說什麼都講不聽，該怎麼教？能不能改？

5 隔壁家的小明很有創造力，畫圖常常不加思索就有豐富的內容，我們家的孩子就只會模擬，描繪一些瑣碎的東西……。

在回應這些提問之前，我想邀請讀者們先放輕鬆，一起來玩個小測驗。（請參考右頁）

遊戲時間

步驟①：請準備一張空白的紙和筆。

步驟②：請您用慣用手在紙上寫下
您的名字。

步驟③：請再用非慣用手寫下您的
名字。

【請放下您的筆】

步驟④：分享您**步驟②**寫下名字的
感覺。

步驟⑤：分享您**步驟③**寫下名字的
感覺。

【請再次使用非慣用手】

步驟⑥：在紙上再寫一次您的名字。

【請放下您的筆】

步驟⑦：分享您這一次和第一次用這隻手寫的感覺
有什麼不同？

　　當聽到要寫字時，相信大家很自然地就會用慣用手拿起筆來，我們通常會說您是右（左）撇子，右（左）手是您日常生活中使用最自然、最順暢、最得心應手的一隻手，也就是我們的**「優勢手」**；同樣的道理，性格傾向也是如此。

在日常生活中，當您和別人互動時，不經思索自然呈現的方式，就是你的「**優勢性格**」，也就是本書所定義的性格類型。但是，是不是就沒有另外一個面向的性格呢？當然不是。

換成非慣用手簽名時，也是可以把名字寫出來，只是寫得比較慢，比較醜，比較不太習慣。在步驟⑥，請您拿出筆，第二次再用非慣用手寫下名字時，有沒有發覺寫得比較順暢、字也比較漂亮呢？

從上述遊戲中，**我們發現一個人的優勢性格，就是呈現出一種不用經過思考，最自然就會呈現的行為模式，但不代表就沒有另一個面向的特徵，只是那些行為模式在相對之下，比較少用，或是不習慣使用而已。**

當我們有意識地使用較不熟悉的行為模式時，它就能在生活中越來越熟練，也越能發揮它的功能，幫助我們應付各種不同狀況，減輕處理不熟悉的事件時，所產生的焦慮及壓力。

雖然本書所要介紹的性格類型是以二元對立的方法來分類，但這並不是要把一個人的性格給框限住，只是我們把與外在世界的人事物互動時的行為模式，用更容易明白的方式來理解。**用得多的，用得自然與習慣的行為模式，我們稱之為「優勢性格」。而用得少的，不習慣用的行為模式，我們稱之為「性格上的盲點」，又可視為「潛力性格」。**

大部分的時間，別人會觀察到我們的優勢性格，但有時候也會呈現另一個面向。**優勢性格和潛力性格就像蝴蝶的兩翼，必須相輔相成，蝴蝶才能飛得有高又遠，面對生活的一切才能左右開弓迎刃有餘。**

關於性格類型指標
（MBTI®）

　性格類型指標（MBTI®）可以找出每個人天生最自然的行為模式，也就是性格優勢的部分，非常適合用在親子、師生、伴侶、職涯發展、就業諮詢、組織團隊等方面，已經有超過九十年的運用基礎，每年有超過三百萬人在使用這套工具。

性格類型分類法（四維度，二分法）

**與外在世界
互動習性？**

- 外向　Extraversion
- 內向　Introversion

**如何學習、認知
（認識新事物）？**

- 實感　Sensing
- 直覺　Intuition

如何下決定？

- 思考　Thinking
- 情感　Feeling

**喜歡什麼
生活風格？**

- 果斷　Judging
- 隨性　Perceiving

第一維度「與外在世界互動的方式」的性格類型傾向（偏好），假如是比較會將注意力放在自身以外的環境，從他人身上得到動力，喜歡快步調，是「**外向型**」（E，Extraversion）；比較會關注自己內心世界，喜歡自己工作，樂於一次專注一件事，是「**內向型**」（I，Introversion），這點跟一般坊間所謂的內、外向有點不同。

第二維度「**認識新事物**」的性格類型傾向（偏好）：有的人傾向「**實感**」（S，Sensing），比較注意細節，重視當下發生的事件與具體事實；有的人仰賴「**直覺**」（N，Intuition 註①），比較重視整體的關聯性與事情未來可能的發展。

第三維度一個人在「**做決定時**」關注的重點性格類型傾向（偏好）：有的人傾向在關鍵時刻會很理性「**思考**」（T，Thinking），但有的人傾向感性的「**情感**」（F，Feeling），重視內在的感受及重要他人的影響。

第四維度「**生活做事風格**」的性格類型傾向（偏好）：有的人對生活環境要求一絲不苟，喜歡有條有理，較為「**果斷**」（J，Judging），有的人則活在當下，較有彈性也較為「**隨性**」（P，Percieving）（表1）。

每個人都有不同的性格傾向，在做人處事上就會有所差異，但就像慣用手的使用一樣，沒有哪一種性格比較好或比較壞的問題，有些類型被貼上某些標籤，是社會文化的影響所致。

將以上四個維度中，各在兩個對立傾向中各取一個字母（例如第一維度的內向型 I 外向型 E 擇一），4 X 4 全部配對，可以歸納出 16 種普遍的性格類型。而四個不同傾向組成，可能是 ESTJ 外向實感思考果斷型（掌控細節型，參照 Part 3）或 INFP 內向直覺情感隨性型

註①：因與內向型區隔，直覺型為 N。

（夢想家型，請照 Part 3）……等，藉此構成一個人的整體性格，就可以找出每個人天生最自然的行為模式。16 種性格類型如（表 2）所示，更多詳細的介紹，請參照 Part 3。

表 1

性格類型的關鍵字		
外向 **E** 從他人身上獲得動力，能快速回應他人，善於一次做很多事。	**實感** **S** 強調事實，注意細節，以過去的經驗來解決問題。
內向 **I** 喜歡自己工作，先思考再回應，樂於一次專注於一件事。	**直覺** **N** 喜歡創新，綜觀全局，注意事情的可能性與多元性。
思考 **T** 根據客觀事實，依賴分析來做決定，注重公平及一致性。	**果斷** **J** 喜歡有條有理的生活，實踐計劃時，樂於遵循規範。
情感 **F** 下決定時，以個人觀點和價值出發，也會關心他人的感受。	**隨性** **P** 喜歡自由自在地做事和隨性生活，不介意突發狀況。

表 2

16 種性格類型

拼命三郎型 ISTJ	關懷照顧型 ISFJ	知心好友型 INFJ	智多星型 INTJ
生活觀察家型 ISTP	藝術家型 ISFP	夢想家型 INFP	好奇分析型 INTP
開心果型 ESTP	自我表現型 ESFP	自由樂活型 ENFP	創新分析型 ENTP
掌控細節型 ESTJ	熱心奉獻型 ESFJ	心靈導師型 ENFJ	天生領導型 ENTJ

　　或許您會疑惑全部的人類就只能分成這 16 型嗎？當然不是，這只是將一個人從**互動**（內向 I 或外向 E）→**認知**（實感 S 或直覺 N）→**決定**（思考 T 或情感 F）→**行動**（果斷 J 或隨性 P），整套的運作方式加以分類。

　　根據性格類型指標（MBTI®）的研究結果來看，人與人之間的溝通與互動，之所以會產生一些爭執或衝突，很大的關鍵是性格不同所致，所謂**「話不投機半句多」**、**「道不同不相為謀」**，說的正是這個狀況。

　　因此，如果能瞭解自己的性格類型，知道自己的性格優勢是什麼，同時也能辨識出別人的性格類型，明確地找到自我調整和成長的方向，就能在職場、家庭、兩性……等，與別人做有效的溝通，增進人際關係與家庭的和樂。

掌握教養方法
親子有效溝通

在孩子很小的時候，其實就可以看得出他們的個性，所以運用性格類型的方法在教養子女上，也能收到相當不錯的效果。照理來說，性格類型雖然有所差異，但卻沒有好壞之別，就像不論用右手寫字或是左手寫字，都可以寫出很好的字跡，可是文化環境或社會氛圍常會營造一種強而有力的規範，讓人覺得怎樣的想法才是好的，才是對的。例如，台灣社會常會認為左手是**「歹手」**，應該要用右手寫字工作，假如孩子是左撇子，就千方百計讓他改用右手；性格傾向也是如此，許多的成功人士會被稱許口才好、人際佳、時間管理得當、邏輯思考清晰，無形當中貶抑了另一個面向，如內向型、隨性型等性格的人所擁有的創意、獨特與深度。

在孩子成長階段，父母假如能夠瞭解彼此的性格傾向比較能因材施教，因勢利導；假如不瞭解孩子，只一昧地要求孩子依循自己的性格優勢或是社會的主流價值，可能在不知不覺中壓抑了孩子的發展。

當然，除了引導孩子發展他的優勢傾向之外，同時也要教導他如何欣賞或使用另一個不熟悉的傾向**「潛力性格」**，讓孩子在日常學習與人際關係都能游刃有餘，成為自發、互動、共好的學生。

本書將循序漸進地介紹不同性格的主要特徵。在 Part 2 的部分，會引導大家探討孩子的特徵及類型的基礎資訊。屆時，這些性格特徵

將用簡單易懂的文字呈現，並提供家長與老師們相關的教養資訊及練習方法。

進入 Part 3 之後，除了將說明 16 種性格，也將描述每個類型的孩子們可能會有的行為及學習模式，透過許多真實的案例，描述了孩子的各種表現和個人風格等等，並提出一些教養及溝通上的建議。

Part 4，將會討論大人與孩子的溝通問題，除了提供家長與老師辨認自己和孩子的性格類型之外，也將解釋每種類型會為彼此之間帶來何種優勢和劣勢，以及如何克服。另外也會解釋每種類型可能會遇到的困境，並提供具體的方法。此外，有鑑於台灣的親子關係常會伴隨一些隔代教養和世代差異，因此也將會簡單介紹如何運用性格類型的分析方式，開發孩子的潛力，達到溝通、同理及和解的目的。

許多師長常會有如下的遺憾：「在親職教育的課堂上明明學得很好，但一回到家就忘了。」、「這個方法用起來很彆扭，到底是我操作得不對，還是心態有問題？要如何修正？」這些問題在親子教養的歷程是十分尋常的，所謂魔鬼出在細節裡，有效的方法常需要詳盡的理解，並配合多次的練習，最後才能內化到生活中，假如沒有按圖索驥，往往會有許多不解與迷惑。

另外，本書特別重視個人在工作、教學及生活歷程中的分享，希望透過實際案例，釐清性格類型的辨識及問題的癥結，更重要的是，透過 step by step 的操作練習，達到自我察覺、理解別人，並欣賞彼此差異的最終目標。最後，本書最大的特色，就是**透過循序漸進地介紹不同性格的主要特徵**，列舉每一性格的類型指標、最後的判斷及操作的練習，家長及老師們，一定能經由這樣的路徑來認識 MBTI®，且使用書中所提供的親子溝通工具，達到因材施教，適性揚才的目的。

Part 2

找出孩子的
優勢性格

性格類型是孩子與生俱來的特徵，不是被「**教導**」而來，也不容易「**改變**」，所以家長要思考的是如何辨識出孩子的優勢，進而協助孩子帶著這些天賦寶藏順利發展。當然，在必要時，固有的性格類型還是可以透過個人的意願伸縮調整，就像左撇子的人，如果左手受傷，就非得學習使用右手工作；內向型的人假如要當業務員還是要學習跟陌生人說話⋯⋯，但這個狀況是為了因應狀態而自行改變，而非由家長強制進行，所以將主導權還給孩子，讓他們放手去做，以「**接納**」、「**順應**」、「**鼓勵**」、「**信任**」取代「**教導**」與「**改變**」，是 MBTI® 核心的教養信念。

樂於分享還是喜歡獨處？
孩子是外向型還是內向型？

在了解孩子是外向型（E）還是內向型（I）孩子時，請先進行下面的小測試，勾選下面題目，看看孩子傾向是哪一型？

做做小測驗

☐為什麼孩子從小就很怕生？（I）

☐為什麼孩子上課老愛講話，讓老師處罰依舊不改？（E）

☐為什麼孩子讀書做事很容易被周遭的事物聲音吸引而分心？（E）

☐為什麼孩子經常主動把家裡的大小事主動告訴別人？（E）

☐為什麼孩子經常大人問一句他才會答一句？（I）

☐為什麼孩子假日總是宅在家，好像沒什麼朋友？（I）

☐為什麼孩子朋友多，假日老往外跑，不容易靜下來待在家裡？（E）

☐為什麼大人說話孩子喜歡打岔湊熱鬧？（E）

☐為什麼孩子長大很少主動跟我們聊天？（I）

☐為什麼孩子從小就不吵人，能獨自一個人玩他的玩具？（I）

計算您勾選的題數

外向型（E）：.............................. 內向型（I）：..............................

評估結果：勾選題數較多者，就是孩子所傾向的類型，將結果以字母填在下面空格。

孩子傾向：..............................（外向型E或內向型I）

＊關於上述問題，詳細解說可參照附錄1

不論話多話少，每個孩子都一樣好

上國語課時，老師正在進行〈回到鹿港〉這一課的討論，文文立刻舉手大聲說，「我爸媽寒假時帶我去過，鹿港有九曲巷和半邊井，還有……。」

老師提問：「上一課我們學到淡水小鎮，這兩個地點有什麼不同？」文文：「淡水我也去過，有坐渡輪、吃包子和鐵蛋……。」

而安安在一旁默默想著：「阿嬤家就在鹿港，叔叔是工藝師，姑姑在街上賣蚵仔煎，而這些事情要怎麼講比較好呢？」

如果您是文文的家長，看到他在課堂上不停地講話，可能會很想制止他，叫他不要再說了。可是專家又鼓勵要讓孩子踴躍發言，這該怎麼辦呢？而安安的爸媽，假如看到安安好像一直呆坐在座位上，神遊太虛，也許會非常著急，想著孩子去過鹿港，也知道很多，為什麼都不發言呢？

從上述情況可以看到，孩子的注意力及與人互動的方式，有兩種不太一樣的類型。下面的表格標示出一些不同的特徵，家長們可以觀察自己的孩子比較偏向哪一種類型。

外向型（E）	內向型（I）
●熱衷於回應別人，和外在世界互動。 ●表達速度快。 ●說話聲音比較大。 ●喜歡和人分享他的想法。 ●比較會被外在事物所吸引。	●對外面發生的事件不太會直接反應，但心裡往往有許多想法。 ●喜歡思考，不會主動表達。 ●先想再說、先觀察再行動。 ●很少主動和他人分享感受。 ●常常獨處發呆。

這兩種不同的性格傾向，跟文文比較類似的稱為外向型，跟安安類似的是內向型。孩子還小的時候，父母就可以觀察到，外向型的孩子即使一個人自己玩，也會不停的發出聲音，或是主動和別人互動對話，雖然大人聽不懂他在說什麼，但是他仍樂在其中。

而內向型的孩子會一個人靜靜的玩玩具，甚至可能已經週歲了，還不會出聲講話，父母因而往往會擔心孩子是否發展遲緩，但是等孩子一開口說話時，有時竟能出口成章，令人驚豔。

外向內向本天生，教養得宜無困難

孩子究竟是內向型還是外向型，這是與生俱來的特質，但在教養上，假如能瞭解他們不同的特質，就比較能掌握有效溝通的方法，進而教養出自發、互動、共好的孩子。那麼，要如何和外向型或內向型的孩子互動呢？

有三個原則請父母親一定要謹記在心，那就是：

先觀察 → 再思考 → 提方法

上述的圖示，是要請父母或師長在教養孩子之前，先靜下心來觀察孩子不同的傾向，再想一想他們的行為是什麼類型的呢？外向型嗎？還是內向型？最後再因勢利導，提供孩子最適合的教養策略。如此一來，孩子才能有最好的表現。

孩子總是迅速回應還是想過再說？

首先我們先來看看**外向型**（E）文文的例子。

〈外向型的孩子〉

文文從小就不怕生，有話就說，很喜歡和其他的小朋友一起玩，不管是自己的同學或爸媽的大人朋友，都可以開心地聊天說話，甚至沒人提問，他也會主動把家裡的事情廣播放送。如貓狗打架、父母吵鬧、家中祕密等，都會在大庭廣眾之下說給外人聽。

在學校也是如此。上課的時候，他頭腦一有想法出現，就要說出來，跟坐在隔壁的同學分享。因此經常被老師向父母告狀，「孩子上課愛講話，屢勸不聽⋯⋯」。

【特徵】熱於與人分享、迅速回應

一般父母碰到這樣的情形，第一個反應常是惱羞成怒，氣急敗壞地責罵孩子，但是往往成效不佳，孩子被提醒之後，不到五分鐘又嘻嘻哈哈，一點也不受父母師長的影響。

仔細想一想，他們**愛說話、大嘴巴**，好像並不是故意要挑釁父母，惹老師生氣，只是有話就說而已。為什麼外向型的孩子會如此多話呢？因為他只是**單純的想與人分享，這是他們和世界互動的方式**。

有什麼方法可以讓孩子學習什麼話該說，什麼話不該說；什麼時候該說，什麼時候不要說呢？

外向型（E）

對策 1 | 父母從小就要經常教導外向型的孩子，
分辨開放和私密的意義

引導孩子去思考，在社群網站上（臉書、IG、line 等）發文，會希望誰看到這篇文章呢？是所有的人，還是你的朋友，或僅限於你設定的那些人呢？隨時提醒孩子，哪些是家裡芝麻綠豆的小事，可以不用四處放送；哪些是值得大家知道的好事，可以和別人分享。協助孩子建立了說話的界限，未來就知所進退。

對策 2 | 假如上課時不能講話，
引導孩子用別的方式來表達

假如孩子上課時不能講話，但忍不住，可以引導孩子用別的方式來表達。例如把想到的話寫在紙條上或畫出來，下課再傳給同學，既達到他和同學分享的目的，也不會干擾上課的進行。

對策 3 | 教導孩子說話前要先做到
「停→聽→說」

簡單來說，就是先停下來，聽同學們在講什麼，再加入談話。在學校常見有一群小朋友在聊天，而外向型孩子一過來，馬上就大剌剌地說自己的事情，把大夥兒原本的話題都帶走，久而久之，大家見他過來就不說話或散開了。假如在不知不覺間養成習慣，長大後就不容易改掉，容易影響他的交友和人際關係。

另外一個案例是**內向型（I）安安**。

〈內向型的孩子〉

安安從小比較怕生，媽媽帶他出門，看到不熟悉的人或親戚朋友時，安安常常會躲到母親身後，怯怯地偷看對方，別人問話也不回答，好像沒聽見一樣。老師反應說，安安在學校講話比較小聲，就像蚊子在叫一樣。而且常常一個人坐在位子上發呆。

【特徵】要想過才回答、怕生

現在的教育經常會鼓勵學生勇於表達，許多課程需要上台報告，大學申請或甄選入學也都需要面試，像安安這樣內向安靜的孩子，在家裡還好，但未來是不是會在學習或考試上失利呢？有時候強迫他們回答，例如催促著：「你怎麼不說話呢？叔叔在問你啊！」他們反而更加退縮或回答：「我不知道。」。很多家長因此會相當擔憂，深怕因為個性的關係，而影響孩子的前程。

親愛的爸爸媽媽別著急，記得掌握三個原則，「**先觀察→再思考→提方法**」，問題可能就能迎刃而解。

很多家長已經觀察到，內向型的孩子跟外向型的孩子剛好相反，他們喜歡獨自一個人，經常會安靜看書或獨坐發呆，似乎不想和外在世界交流。而事實上，他們常常將日常生活中所學到的東西，**在腦中不斷演練，並享受神遊思考的快樂**。那要怎樣引導，才能讓內向型孩子樂於將豐富精采的想法，與大家分享呢？

內向型（1）

對策 ①｜鸚鵡式的教導，複述父母所說的話

孩子還小時，允許他暫時可以不回應對方，然後以鸚鵡式的語言引導他說：「來！這是阿姨哦……跟媽媽一起叫『阿姨』。」等他適應或年紀較大一點之後，就能自己主動跟長輩打招呼。盡可能不要強迫孩子一定要跟對方問好，否則很容易弄巧成拙。

對策 ②｜先瞭解孩子內心的感受，再給予適合的引導

內向型的孩子喜歡安靜不愛吵雜，所以在學校的小組學習，四五個人一起時，比較能分享自己的想法或心事，也會聊得比較深入；父母或師長假如瞭解這些孩子的天性，可以主動詢問他們，或是給予發言的機會，讓內向型的孩子，能將縝密思考後的答案分享給同學。

對策 ③｜給予較長的反應時間，鼓勵孩子分享腦中想法

內向型的孩子並不是反應比較慢，而是他們在說話之前，必須先想想該怎麼回答比較好，所以需要較長的思考時間。當父母或是師長發現孩子只有「嗯」、「喔」這些發語詞時，應該先暫停一下，等幾分鐘之後，再鼓勵他們把腦海中所想到的分享給同學。

孩子說話不經思考？還是悶不吭聲？

有時家長在面對**外向型**（E）的孩子時，可能會因為他們**不經思考**的言語而焦慮，如同下面的例子。

〈外向型的孩子〉

文文跟爸媽說：「剛考完試，我明天下午要翹課去打籃球。」媽媽一聽十分緊張地唸他：「怎麼可以翹課，考完試還是要認真上課啊！」文文不耐煩地回答說：「我只不過說說而已，你幹嘛那麼緊張地罵個不停？以後什麼事都不跟你說了……。」媽媽聽了十分傷心，想說孩子才三年級就會翹課、頂嘴，以後要怎麼管教？

【特徵】不經思考

碰到文文這樣的狀況，父母親先別急著回應或說教，而是要確定孩子是不是說說而已。外向型的孩子常常想到什麼就說什麼，不一定會這麼做。所以父母先靜下心來觀察，再提出對策。

外向型喜歡多人一起分享

外向型（E）

對策 ① │ 理解孩子
是利用「說」來整理思緒

外向型的孩子常常想到什麼就說什麼，透過「說」的歷程，他們其實在逐步整理自己的思緒，並不是已經決定要那樣做，假如父母親不急著回應，就會發現他一下子說要翹課打籃球，一下子又想要在班上跟同學玩桌遊，又或者是想想還是跟朋友在教室玩比較好……。

外向型的孩子沒辦法坐下來安靜地思考，他們常會不斷地把自己的想法說出來，一邊說一邊想，而且他們喜歡有人聽他們說話，父母只要輕鬆地回應孩子：「真的嗎？」或者先同理他的想法：「是啊！我也想翹課輕鬆一下，不過我沒有你那麼豁達，我會擔心沒上課的話，會有一些重要的內容沒聽到。」讓孩子講完他想說的話，一段時間之後再詢問孩子會怎麼做。

對策 ② │ 引導孩子理解行為的後果，
討論可行方法

不可否認的，有些外向型的孩子確實會比較衝動，凡事做了再說，父母就要引導孩子理解做了不合宜的事，可能導致的行為結果。例如翹課去打籃球，除了會有校規及老師的處置之外，爸媽也會有相應的罰則，週末不准出遊，或休閒時間不能玩喜歡的遊戲……等等，假如不想讓自己這麼悲慘，就必須有相應的方法。父母可以和孩子討論，剛考完試想要輕鬆一下，可以怎麼做呢？鼓勵孩子自己提出策略，想過再做，可以幫助外向型的孩子踩住煞車，忍下衝動。

而**內向型**（I）的安安又是另外一種情況。

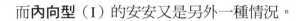

〈內向型的孩子〉

　　安安今天放學一進門，不打招呼就蹦著一副臭臉，進入自己的房間，把門關上。媽媽追到房間，問他發生什麼事他也不回答，反而鑽到棉被裡去了。媽媽生氣極了，正要罵他時，電話響了，老師打來說，今天中午安安不小心把同學的杯子摔破了，同學要求他要賠償。媽媽聽了之後，問安安是不是因為這樣而心情不好，他窩在棉被裡哭了起來。

【特徵】悶不吭聲、需要時間消化

　　有時候，家長對於內向型孩子這種**悶不吭聲的特質**，真的很傷腦筋，不論問他、罵他、逼他，好像都沒有用，反而會讓孩子更加封閉自己。這些孩子原本就**不太喜歡跟別人分享他的心事或想法**，一旦有了情緒困擾，自己不知道怎麼處理，也不向大人求助，要怎麼引導比較好呢？

內向型別人問話不會直接回答

內向型（1）

對策 1｜情緒、事件發生時，給予孩子緩和時間

孩子處在生氣、焦慮、挫折、恐懼等這些情緒當下，可能不知道怎麼回應，或擔心說出實情會被責備，所以往往什麼都不說，就窩在自己的空間裡。

很多內向型的孩子，需要多一點時間去整理事件的始末，此時，父母和師長先不要急著詢問或教導，而是要耐心地等待。當然父母也可以先同理他們的行為，再提供選擇，協助孩子走出情緒風暴。例如說，「媽媽知道你現在心情不好，先休息一下，喝一下果汁，半小時之後，再出來跟媽媽說，好嗎？」、「你想要半小時之後跟媽媽說，還是吃飯的時候再說？」當孩子做出決定後，就耐心等待，傾聽並理解們他們的想法。

對策 2｜引導孩子說出自己的想法和感受

在孩子小時候，父母可以多和孩子聊聊天，引導他們學習表達分享的能力，會學得比較順利。例如，每天放學回來問問孩子：「今天學校有什麼好玩的事啊？」或是「跟同學玩得開心嗎？」、「有沒有學到什麼有趣的事啊？」一方面讓孩子感覺到學習是件有趣的事情，去學校可以交到朋友，跟同學玩是很棒的事，也可以讓孩子把心裡想的事情或心事跟父母分享。

當然，父母也可以主動地和孩子分享自己生活中所見所聞，以及遭遇到的事情，讓孩子瞭解爸媽的心情及想法，有助於親子互動的品質。

對策 3 和孩子討論 解決問題的方法

內向型的孩子習慣自己處理事情，假如父母瞭解他所經歷的事件，例如不小心打破了鄰座同學的杯子，就可以趁勢跟他討論，引導他說出當下的情緒與感受，是慌張還是歉疚，或者還有其他的感受……等，然後再一起商量問題解決的方法：「週日我們一起去大賣場，挑一個一樣的杯子還給同學好嗎？還是你有其他的想法？」這樣的方式除了引導孩子表達情緒之外，也示範了如何處理及解決事情的方法，最重要的是引導內向型的孩子能主動分享自己的事情，並學習如何向他人求助。

對策 4 允許孩子 用不一樣的方式溝通

跟外向型的孩子要**「用講的溝通」**，我們常看到外向型的父母和外向型的孩子爭執，雙方一來一往，即使場面火爆一觸即發，但是一陣風雨過後，就相安無事了。

但是要求內向型的孩子**「當面講清楚」**，可能是一件困難的事，因此，允許孩子思考之後，用文字或通訊軟體表達。現在手機有LINE，是彼此溝通的利器，父母可以引導孩子好好使用。

LINE除了用來留話，聯絡事情之外，也可以用來吵架，無聲地爭論，免除一哭二鬧的窘境。這樣的方式比較沒有情緒性的字眼，減少口語傷人的可能性，又可以在經過思考之後再回應，非常適合內向型的孩子學習應用。

孩子喜歡同時學習多樣課程還是喜歡專精學一樣？

有些父母在養育孩子的歷程中，往往會發現自己和孩子個性不同，導致親子互動品質不佳。外向型（E）的文文和內向型（I）媽媽就是如此。

文文的課外活動安排了足球、鋼琴、素描、數學及英文，媽媽每天為了帶他學習才藝，都累慘了，沒想到，文文又拿回來一張報名表：「媽，我星期六早上想去溜直排輪。」個性特質與孩子相反，屬於內向型的媽媽，想到週末不能好好在家休息，還要早起送孩子去學才藝，就很頭痛，她想不通為什麼文文一定要天天往外跑呢？像自己一樣，在家悠閒地喝個茶看看書、做手工藝，不是非常幸福嗎？

因此，若是父母與孩子的性格傾向不一樣，可以針對孩子不同的個性，來安排不同的學習內容。

●外向型孩子（E）

簡單來說，這類型的孩子習慣**邊說邊想，邊做邊學，比較無法靜下來獨自一人學習**。所以他們很喜歡參加活動，團體學習的方式對他們來說是最適合的，比如上補習班、參加夏令營等。他們會將課餘時間排得滿滿的，而且樂此不疲。

所以對於這類型的孩子，父母可以安排比較多的課外活動或學習課程，孩子的收穫肯定是有的，至於是不是家長所預期的學習效果，那就不一定了，因為這些只是他交朋友、玩遊戲的場域啊！不過，外向型的孩子興趣廣泛，什麼都想嘗試，有時候卻會「**樣樣通卻樣樣鬆**」，沒有一項是專精的。

●內向型孩子（I）

　　這類型的孩子**需要安靜**，並且**需要提供給他們獨處、自學的環境**。他們需要有比較長的休息時間才能有精神和體力做下一件事情，喜歡自己研讀書本，做深入的研究，學習任何東西都是精通一項之後，才會想要換另一學習。

　　「**我思故我在**」是內向型的孩子特質，他享受自己在腦內神遊思考的快樂。可是有些外向型（E）的父母，看見內向型（I）的孩子獨自坐在沙發上發呆或賴床，就覺得孩子太無聊太懶散了，馬上分派功課給他。事實上，內向型的孩子，看似呆坐在那裡或賴在床上，但腦子可沒閒著，思緒一秒鐘不知道就繞地球幾圈了，有很多的點子就是在這時候產生的呢！

　　因此，尊重內向型孩子需要獨處思考的空間，不要塞滿滿的鋼琴、繪畫、作文、家教……等課程，太多的課程對他們來說簡直是精神虐待，他們需要獨處，安靜地學習與思考，將所學的東西在腦海裡面演練複習，尋找出自己的一套學習策略。

孩子對環境適應快還是需要適應期？

孩子上幼稚園的時候就可以觀察到一些個性的差異，有些孩子一到教室看見小朋們在玩玩具，馬上就會跑過去**融入團體和大家一起玩**，他們可能是**外向型（E）**的孩子。

另外有些孩子卻會黏著媽媽，甚至哭著不願自己走進教室，需要媽媽和老師連哄帶騙，經過好幾天的時間才願意上學，一進教室也不會主動跑去和同學一起玩玩具，你會看見他坐在旁邊，先看著其他小朋友玩，漸漸地才唯唯諾諾地碰碰玩具，**觀察同學怎麼玩，有哪些玩具及玩法，慢慢地才會融入團體**。這些孩子就比較有**內向型（I）**的傾向。

父母親可能會覺得，內向型的孩子對沒見過的事物會怕東怕西，那適應環境會不會有什麼困難呢？其實大家可以不用擔心，對於陌生的環境和不熟悉的人事物，內向型的孩子會先觀察，等他們確定安全無虞才會行動，父母最初只要在旁陪伴，讓他們覺得沒有危險，他們就可以勇敢探索，努力學習了。

外向型融入團體和大家一起玩

內向型喜歡單獨做事

【 外向型 E ｜ 內向型 I 】
孩子的教養祕訣

　　認識外向型（E）與內向型（I）最重要的目的，是提醒身為父母的我們，每個孩子都有與生俱來的差異，假如能透過適性的方式多加引導，孩子就能在成長路上發光發熱。反過來說，如果強力要求孩子改成另外一種性格，不但親子關係容易出現裂痕，而且成效也不會太好。

　　以下針對內向與外向的類型做一些重點提示，並依各個特徵提供教養策略。

個性特徵①		教養策略
外向型（E）	從活動中學習	和孩子一起動手做或參加團體一起學習。
內向型（I）	喜歡休息、安靜獨處的環境	1. 不要安排太多課外活動或課程。 2. 尊重孩子需要獨自一人安靜的遊戲和學習。
個性特徵②		教養策略
外向型（E）	喜歡和別人分享自己的想法，想到什麼就說	分辨什麼該說，什麼不該說。
內向型（I）	享受自己神遊思考的快樂	給孩子獨處發呆的空間。
個性特徵③		教養策略
外向型（E）	能快速回應他人或打岔	引導孩子學習等待、傾聽別人說話完再回應。
內向型（I）	要想過後才會回答	給予時間，等待孩子思考過後回答。
個性特徵④		教養策略
外向型（E）	喜歡活動和變化	1. 安排體能課與才藝課。 2. 給予不同的活動課程。
內向型（I）	做任何事之前先觀察	1. 給予時間觀察。 2. 給予獨自思考的時間。

性格評估題

我們也可以用下面這幾個指標來檢視，看看自己是哪種類型。
以下是強迫選擇題，每一題都要選擇其中一個答案。

---

1. 通常我會如何安排假日生活？

　　☐ A. 我通常不會待在家裡，喜歡安排戶外活動（E）。

　　☐ B. 我喜歡在家休息或好好睡一覺（I）。

2. 大多數人會說你是什麼樣的人？

　　☐ A. 直爽、活潑、熱情（E）。

　　☐ B. 含蓄、文靜、內斂（I）。

3. 是否能滔滔不絕的和別人聊天？

　　☐ A. 幾乎與任何人都可以聊天（E）。

　　☐ B. 通常跟我熟識有共同興趣的人才會（I）。

計算您勾選的題數

那一類型較多，即表示為自己的性格傾向。

A 答案的題數有幾題？.................................. ➡ 外向型（E）

B 答案的題數有幾題？.................................. ➡ 內向型（I）

爸爸是 .... 型，媽媽是 .... 型

姐姐是 .... 型，弟弟是 .... 型等。

也可詢問你的朋友或較親近的人，你和孩子是一個怎樣的人？一
般來說，外向型（E）和內向型（I）有一些固定的特質，如下。

朋友眼中的你	
外向型（E）	活潑好動，善於社交，行動積極，善於表達。
內向型（I）	喜歡獨處，重視隱私，容易壓抑，說話前須先想過。

教養練習單

1 觀察孩子注意力的傾向是「外向型（E）還是內向型（I）」？

2 試著想想孩子平常在跟別人互動時，讓您覺得困擾的狀況，以及您當時的處理方式。例如南部的親友來了，孩子沒有出來招呼，反而躲在房間裡，您怎麼處理？或是孩子坐計程車時，司機跟他閒聊，他就把家裡地址及父母的職業說出來，您怎麼處理？

3 當您瞭解孩子的性格類型之後，您會怎麼做？

孩子的性格類型傾向（E、I）	我的性格類型傾向（E、I）
孩子和我有什麼相同或不同的地方	**以前我如何教導他？**
現在可以怎麼做？	

夢想家或實踐家？
孩子是實感型還是直覺型？

在了解孩子是實感型（S）還是直覺型（N）時，請先進行下面的小測試，勾選下面題目，看看孩子傾向是哪一型？

做做小測驗

□為什麼孩子考試總是粗心大意，經常漏掉題目沒有作答？（N）

□為什麼小考、月考考得好，遇到期末考或大考就會失常？（S）

□為什麼我說話時，孩子沒耐心聽？（N）

□為什麼孩子需要我一步步地說明指導，才會開始做？（S）

□為什麼孩子的課本畫滿了各種顏色的重點？（S）

□為什麼孩子東西不見或被移動位置了，卻毫無知覺？（N）

□為什麼孩子看到喜歡的東西即使很貴也要買？（N）

□為什麼孩子寧願把錢存起來，也捨不得買喜歡的東西？（S）

□為什麼孩子學習一項技藝，新鮮感過了就想換別的學？（N）

□為什麼孩子說話很瑣碎，似乎無法表達重點？（S）

計算您勾選的題數

實感型（S）：..................... 直覺型（N）：.....................

評估結果： 勾選題數較多者，就是孩子所傾向的類型，將結果以字母填在下面空格。

孩子傾向：.....................（實感型S或直覺型N）

加上 2-1 評估結果的字母，組成後是：ES、EN、IS、IN 其中哪一種？填在空格中： ....

＊關於上述問題，詳細解說可參照附錄 1

看了第一章的介紹，也許有些家長會認為，孩子究竟是外向型（E）還是內向型（I）都沒有關係，只要能夠好好讀書學習就行了。其實，性格類型不僅表現在日常生活，也和讀書習習相關。

外向、內向的行為比較外顯，大家容易觀察，2-2 所要討論的實感型（S）和直覺型（N），不但跟學習有密切相關，而且很容易在教養過程中被忽略，甚至導致親子發生衝突。

追根究柢有耐心，作夢發呆創新局

老師拿著一疊畫紙走進教室，宣布學校舉行一個繪畫比賽，題目是「圓的聯想」，請同學開始作畫。老師發下畫紙，只見上面有一個圓圈，其他什麼都沒有。

文文覺得很疑惑，舉手問老師：「這要怎麼畫？」老師回答：「你想怎麼畫都可以。」文文又問：「那畫太陽可以嗎？還是要畫摩天輪？畫汽球也可以嗎？」老師回答：「你想到什麼都可以畫下來喔！」而安安拿到畫紙後，開心地說：「哇，太棒了，我要畫蜘蛛精。」

老師發現，文文畫了一會兒就會提問，有時還會和旁邊的同學討論，快下課了才畫一半；安安好像不假思索地畫了很多，圖像有趣，用色大膽，真的很有創意。

實感、直覺都很好，有教無「累」學方法

從上述的例子可以發現，當一個任務出現時，有的孩子需要很清楚的指示，一步一步地告訴他怎麼做；有的孩子很有自己的想法，往往不要大人教導，自己就會做出很特別的東西。有些師長會以為，前一類孩子需要別人一個口令一個動作，好像無法獨立完成作業；後者則自己能想方設法，創新求變所以應該比較聰明。

事實上這些表現可能無關乎智商高低，而是緣於他們學習事物、收集訊息的方法不同，以致於對於任務的詮釋與做法也有差異。

需要清楚指示的孩子稱為實感（實際感覺）型（Ｓ），喜歡自由發揮的孩子，稱為直覺（直覺想像）型（Ｎ）。

實感型（Ｓ）的孩子比較仰賴五感──視覺、觸覺、味覺、聽覺、嗅覺，以及實作體驗來學習事物，所以他們很關心怎麼做，用什麼東西來做，成品是什麼等等，這些真實具體的東西，也因為他們依賴經驗來學習，所以每個環節之間的扣連，就顯得非常重要，非得要弄清楚才行。

舉個例子來說，有一次朋友跟兒子說：「你放學回家時，到我們家附近的『ＸＸ超商』買份報紙回來。」兒子回答：「要去哪一家啊？從下車的公車站開始，就有三間『ＸＸ超商』，到底要哪一家…？」

假如不瞭解實感型的孩子，就可能罵他：「你真的很不會變通呀，隨便一家只要買得到報紙就可以了啦！」如此一來，不但傷了孩子，也會讓親子關係產生裂痕。

而**直覺型（N）**的孩子就**比較天馬行空，自由自在**，以上述買報紙的例子來說，你請他去『我們家附近的ＸＸ超商』買，他也許就會回應說，為什麼一定要在我們家附近或是ＸＸ超商，我只要能買到就行了。直覺型的孩子比較會推測、類化，有豐富的想像力，但不喜歡被限制、規範，所以就顯得桀驁不馴，不聽指令。

一般來說，這兩種性格類型要等到孩子比較大一點，也許要到小學之後，父母才比較能察覺出來。

直覺型的孩子，比較會被一些「創新」、「抽象」、「象徵」、「未來」的事物吸引，但這些「胡思亂想」、「亂七八糟」的行為，很可能在學習歷程中被壓抑、忽略了，以致他們的優勢性格無法順利發展，甚或被糾正被指導，不斷地被要求以另一個比較不擅長的方式來學習，就像哈利波特生活在一群麻瓜的現實世界裡，自己怎麼做都覺得不對勁。

也許父母和老師們會說，小孩本來就要聽大人的話啊！上課就是要專心，課本保持乾淨啊；筆記做整齊，最好還要用不同顏色的螢光筆畫記，這樣將來要複習才方便嘛！但是有的孩子就常常做不到，被老師說上課不用心，常做一些無厘頭的想像；爸媽在家指導他讀書時會邊寫邊畫，筆記怎麼教都無法做到整齊細緻，這樣的孩子可能就是直覺型。一昧地要求直覺型的孩子按步就班，循序漸進地學習，未必是有效的策略，如果能跟孩子談一談，讓他自己說說什麼方法是他比較擅長的，花點時間和他做些更深入的想像與討論，

也許能在很短的時間收到很好的成效。

辨識孩子究竟是實感型（Ｓ）還是直覺型（Ｎ），有助於家長們有效教導孩子們學習，也比較能預知他們如何看待事情、如何詮釋您所說的話，以及他們可能採取的行動和做事的方法。這樣既能避免雞同鴨講的狀況，也不致於產生溝通上的衝突。

下面的表格標示出一些不同的特徵，家長們可以觀察自己的孩子比較偏向哪一種類型。

實感型（Ｓ）	直覺型（Ｎ）
●一個口令一個動作。 ●仰賴五感，實作體驗。 ●重視當下具體的事實。 ●說話做事重視細節。	●想方設法，創新求變。 ●推測類化，自由想像。 ●重視抽象概念，追求未來夢想。 ●喜歡天馬行空、奇幻隱喻的故事。

孩子喜歡明確指示還是喜歡自主管理？

很多家長們會覺得，**實感型（S）的孩子好像比較聽話，容易教導；而直覺型（N）的孩子則不太受教，給人天馬行空，不受約束的感覺。**然而，只要掌握以下方法，就能有效引導孩子，親子溝通更加順暢。

> 媽媽要兩個孩子幫忙打掃，告訴他們：「一起去把地掃一掃。」老大問：「要掃哪裡？只要掃客廳就好了嗎？」老二只說：「喔。」拿起掃帚就東撇一下，西拂一下，就說他掃好了。

我們幾乎可以斷定，老大認真細心的態度，比較容易獲得母親的稱讚，而老二這種隨便亂掃的行為，除了挨罵之外，可能還會得到重掃一遍的處置。撇開偷懶與否的偏見，以性格類型的觀點來說，老大需要別人告訴他要掃哪裡，怎麼掃，比較偏向實感型（S）；老二則是自己想怎麼做就怎麼做，只要掃完就好了，比較傾向直覺型（N）。

通常在孩子就讀中學以前，大人教導孩子做事時，往往會給予明確的時間、地點及範圍，還有要求與標準，這對於實感型的孩子來說，簡直就是如魚得水，對於他們常「提問」相關細節，父母師長們可能還會讚揚他們懂得發問，要其他同學看齊。

可是漸漸長大後，孩子們常要面對某些較為複雜的事物，或是必須思考、想像的課題，他們往往會愣在那等待說明，這時，需要「每事問」、「事事教」、「處處教」的情況，可能就會令人感到厭煩。

有時候，實感型（S）的大孩子非但無法獲得他人的協助，反而常會聽到人家對他說「你能不能不要鑽牛角尖」、「要看重點，不要管細節」、「你怎麼不自己先想一想」，這些話語其實很令他們不知所措，而且無法解決他們當下所遭遇到的困難。

而**直覺型（N）的孩子則會根據自己的想法來做事，對於事件有自己的觀點與詮釋，不太仰賴他人的引導與指示。**但他們比較沒有耐心，無法聽人把話說完，父母或老師們常會覺得他們魯莽草率，總是要求他們聽完指令再做，或者沒有達到標準而必須重做。

對策 ① 對實感型（S）的孩子要耐心，對直覺型（N）的孩要包容

簡單來說，對待實感型的孩子要有耐心，儘可能**給予他們明確的指示及步驟，**或提供相關的範例讓他們參考，他們才不會像無頭蒼蠅一樣，找不到方向。而另一方面，對於直覺型的孩子而言，盡可能**不要去否定和壓抑他們，勉強他們按圖索驥，**不但得不到成效，也可能會使孩子較沒自信。

對策 ② 實感型（S）的孩子要多想像，直覺型（N）的孩子要實踐

對於實感型的大孩子而言，要**引導他自主發想，**鼓勵他做不同的嘗試，不要一昧地等待指令；直覺型的大孩子雖然想法很多，但多流於空泛，要適時地和孩子討論計畫步驟及實施方法，**引導他將腦袋裡的想法落實。**

孩子重視細節還是喜歡建構概念？

姐弟兩人一起去看電影，回家後，媽媽要兩個孩子聊聊這部片在演些什麼，弟弟興奮地說，電影裡有小丑魚、藍鯨、水母、海龜、鮟鱇魚，真的很好看；姐姐說才不是這樣，這個片子在講動物之間的情感，包括親情、友情、愛情，讓人看了很感動。

從上述的例子我們可以看到孩子關注的焦點有很大的不同。弟弟看到影片中一隻又一隻的魚，忽略了劇情的發展；而姐姐歸納出核心概念與主要架構，分析動物的情感關係。細節多半是具體可以見到的，而概念則是抽象思考而來的。

有的發展心理學家會提到，孩子比較小的時候，會傾向於用感覺動作、具體經驗來理解事情，大一點才會發展出類比、推測等抽象思維的能力。大約在國小中年級以後，家長們就可以從孩子們所做的筆記，看出實感型（S）和直覺型（N）孩子之間的差異。有些孩子的課本上畫有紅色線、黃色線、綠色……等用不同顏色來標記重點的線，**幾乎整本書都是重點，這是實感型（S）的孩子。**

而另外一些孩子的課本，期末整理時還像全新的一樣，偶爾會出現一些插圖，但是幾乎沒有做筆記，也不會畫重點。師長們不禁會懷疑，他上課有在聽講嗎？怎麼沒有學習的痕跡？詢問他們課程的大概內容，他們卻可以應答如流。**直覺型（N）的孩子學習時喜歡抓概念，**

不喜歡一大堆看來不必要的細節，所以書寫筆記可能僅是手部運動而已。有些師長們會以筆記重點當作平時成績，藉以檢視孩子們上課的歷程，這些例行的抄寫，對他們來說真的痛苦萬分。

對策 ❶ 實感型（S）的孩子逐步教，直覺型（N）的孩子教重點

面對重視細節的**實感型**孩子，父母親需要**從頭到尾一步步地教導**。例如，解一道數學題目時，需要五個步驟，孩子第三個步驟不懂時，父母就要從第一個步驟重新講解、教導，讓他能夠理解每個環節是如何銜接的。

對於擅長抓住核心概念的**直覺型**孩子則**需要重點式的教導**。假如他第三步驟不會，父母親就講解第三步驟即可。若是從第一步驟開始解釋，可能就會看到孩子不是在玩鉛筆就是在看手機，好像沒有專注在聽，導致父母可能大發脾氣，碎唸孩子不受管教，親子衝突可能也會一觸即發。

對策 ❷ 教實感型（S）的孩子學習統整概念

實感型的大孩子**比較重視細節**，勤作筆記，所以面對小範圍的段考經常都能名列前茅，但在大範圍的會考或學測中，卻往往表現不如預期，因為這些考試重視相關的概念連結與重整，而這正是實感型的孩子所擁有的優勢與盲點。

父母親平時可以**引導他們繪製心智圖，協助掌握關鍵概念，並加以統整**，在大考前可以去參加補習班的總複習，閱讀統整過的課程內容，再結合他最擅長的細節記憶，相信對於大考成績的提昇會很有幫助。

對策 3 | 教直覺型（N）的孩子 疏理細節

直覺型的大孩子**喜歡跳躍性思考，要適時引導他們看到細節**。他們多半使用略讀、速讀的方式來複習功課，常常沒有注意到某些細節；寫考卷時，他們經常跳躍式地看到熟悉的答案就作答，所以常因粗心而使成績大起大落。

直覺型的孩子常在大型考試中獲得佳績，成為黑馬。因為大考通常側重概念，題型較為開放多元，強調分析、歸納、綜合、應用，有些孩子甚至寫考卷寫到欲罷不能，覺得考題實在太有趣了。不過精細的閱讀與逐日累積，對直覺型的大孩子而言也是重要的一環。可以引導他們看書時，指著書本上的文字一字一字的念，考試時就用這方法解題，協助他們調整容易遺漏細節的習性，啟動他們另一個面向的潛力。

對策 4 | 適性教導，成效最好

直覺型的孩子很能抓到重點，但是當你問他內容細節時，他就不太會注意到，或者需要較多的時間去回想，但是實感型的孩子卻能不假思索就回答出來了。因此，父母親只要觀察孩子在學習時需要的是什麼，適時地提供協助就可以了，特別是直覺型的孩子會發展出自己的學習方法，不需要大人亦步亦趨地跟旁邊督導。

孩子從經驗來學習還是喜歡自由發想？

　　文文一臉苦惱地問安安說，我依老師教的方法算，答案怎麼不對呢？82-74=6 不是嗎？以前爸爸講過，可以用驗算的方法檢查有沒有錯，所以是 82-6 嗎？安安覺得很納悶，只要用自己的方法，能算出來就好了啊！為什麼一定要依照老師或爸爸教的方法呢？

　　像文文這樣具有實感型（S）傾向的孩子，會將曾經做過或看過的事物，在大腦當中形成一個資料庫，假如要學習新教材時，就從那個資料庫中去提取，將做過的方法重新施行一遍，假如那個方法無法處理目前的問題，他們就容易卡關。

實感型喜歡明確指示

　　而安安這類直覺型（N）的孩子會有很多的點子和創意，面對問題反應較快，他們有很豐富的想像力，能自由創作，可能會用演算法設計一艘與眾不同的太空船，或是從數學算式中，看到一幅自己覺得很棒的抽象畫，或寫出一首意味深遠的新詩。這是因為他收集資料的方法不同，反應方式也不同所致，與一個人聰明與否是完全無關的。

對策 1 | 實感型（S）的孩子 先精熟再歸納

在教導實感型孩子學習新的內容時，可能**要用比較多之前的範例，並重複練習，引導他建立新的概念**，進而投入不同的學習內容。特別是比較複雜的部分或不規則的變化，讓實感型的孩子得到充分的練習，最後才能做出歸納分析。

對策 2 | 接納直覺型（N）孩子的 胡思亂想

面對直覺型的孩子時，則是要**欣賞他們豐富的想像和創作力**，他們喜歡天馬行空地幻想，常會自己想像編故事，父母要能接納孩子分享的千奇百怪，千萬不要一味地指責他胡思亂想，才不會讓孩子感到受挫、壓抑，否則他在現實世界裡得不到接納，往後遇到困難時就容易躲進自己的幻象世界中。當然，協助孩子理解真實事件跟幻想的差異，也是非常重要的事，畢竟我們都是生活在現實之中啊。

直覺型喜歡自由創作

071

孩子喜歡穩定的工作環境還是喜歡有變化？

　　家裡要重新整修，姐姐卻暴跳如雷，「那我要在哪裡讀書做功課？要在哪裡練鋼琴？三個月後就要比賽，我學了六年就為了這一天，現在什麼都完了……」，媽媽只好讓她寄宿家有鋼琴的阿姨家，並請阿姨騰出一個空間當她的書房。媽媽心想，弟弟平日常被罵沒定性，一下子拉提琴，一下子學跆拳，做什麼事都三分鐘熱度，但這次倒是興高采烈地參與設計討論，包括空間格局、風格色彩，他都煞有介事地提出看法，真的令人刮目相看。

對策 ① 給予實感型（S）的孩子固定的活動空間

實感型喜歡固定的空間

　　實感型的孩子**喜歡穩定熟悉的工作環境**，給他們固定的活動空間，才會有安全感，所以爸媽最好準備一個獨立的書房，讓他們讀書做事，不但有良好的生活品質，也會提昇工作效率。

此外，這類型孩子很有耐心和毅力，可以反覆做同樣的事情和工作，例如不斷練習樂器或技藝，直到自覺完美為止。這些歷程看來十分枯燥乏味，但他們卻樂此不疲。假如父母親能多加鼓勵，會讓他們學習起來更有動力。

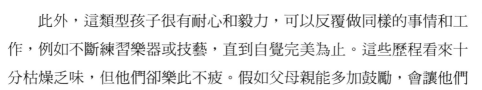

對策 2｜協助直覺型（N）的孩子一次一事

直覺型的孩子常被理解為沒定性不專心，其實他們上課或聽講時跟實感型的孩子一樣專注，只是對於他已經學會或重複的東西，容易感到不耐煩而已。他們也**常會被新的、不同的主題所吸引**，容易因為一時衝動而行事。舉例來說，他本來興致勃勃地要學習一樣才藝，等到一段時間之後，新鮮感沒了，就想換一樣新的來學。他們很難有夠長的專注力來持續完成工作。讀書時，也是一樣的狀況，有時可能非常認真用功，自動自發地寫功課，大聲地念課文，或做他喜歡的事情，但隔天卻完全不做，完全隨著心情或靈感，來決定是否要做或不做某件事。

面對直覺型的孩子，父母親從小就要協助他們專心完成一個工作，再做下一個工作。每天要求他們在固定時間內完成功課，並要求他做該做的事情，持續不斷養成良好的習慣。等到孩子日積月累獲得學習的成效，自己也會覺得十分開心。

【 實感型 S | 直覺型 N 】孩子的教養祕訣

　　認識實感型（Ｓ）與直覺型（Ｎ）的學習差異，了解每個孩子都有與生俱來的性格差異，這些都與天分資質無關，只要透過適合孩子的方式加引以導，就能提升孩子的學習效果，開發他們的學習潛能。

　　以下針對實感與直覺的類型做一些重點提示，並依各個特徵提供教養策略。

個性特徵①		教養策略
實感型（Ｓ）	喜歡明確的指示	明確地讓孩子知道所有的細節和步驟。
直覺型（Ｎ）	喜歡想像、自由創作	欣賞孩子的創意和夢想。
個性特徵②		教養策略
實感型（Ｓ）	喜歡一步一步地學習	用細節幫孩子建構概念，重整資料。
直覺型（Ｎ）	不喜歡重複	重點式的指導。
個性特徵③		教養策略
實感型（Ｓ）	由經驗做聯結	用範例連結學習新概念。
直覺型（Ｎ）	跳躍性思考，天馬行空的幻想	養成重視細節的習慣。
個性特徵④		教養策略
實感型（Ｓ）	喜歡穩定的工作環境	提供固定的讀書和工作空間。
直覺型（Ｎ）	喜歡有變化的工作	協助孩子專心完成一個工作，再做下一個工作。

性格評估題

全家一起做做看！

我們也可以用下面這幾個指標來檢視，看看自己是哪種類型。
以下是強迫選擇題，每一題都要選擇其中一個答案。

1. 你比較希望孩子大學讀哪一類的科系？
□ A. 只要孩子喜歡，能讓他完成夢想的科系都行（N）。
□ B. 優先考慮畢業後能找到工作的科系（S）。

2. 你買東西時優先考慮什麼？
□ A. 只要喜歡，感覺對了就不考慮價錢（N）。
□ B. 重視東西是否實用，並比價後再決定要不要買（S）。

3. 處理事情時，我想要了解事情的那些資料？
□ A. 我想要先知道重點以及未來可能的發展（N）。
□ B. 具體事實及細節，最好有精確的數據佐證（S）。

計算您勾選的題數
那一類型較多，即表示為自己的性格傾向。
A 答案的題數有幾題？.................. ➡ 直覺型（N）
B 答案的題數有幾題？.................. ➡ 實感型（S）

爸爸是.................型，媽媽是.................型
姐姐是.................型，弟弟是.................型等。

也可詢問你的朋友或較親近的人，你和孩子是一個怎樣的人？一
般來說，實感型（S）和直覺型（N）有一些固定的特質，如下。

朋友眼中的你	
實感型（S）	看事情重視具體細節，做事按部就班，實事求是，眼見為憑。
直覺型（N）	想像力豐富，看見事情未來的發展及可能性，喜歡新奇創新。

教養練習單

① 您觀察到孩子學習方式是「實感型（S）還是直覺型（N）」？

② 試著想想您平日在教導孩子學習時，曾遇到什麼困擾？例如協助孩子複習功課時，孩子常不專心聽，盡說些不相關的事，讓您越教越生氣？或是孩子平日做了很多筆記，但考試時不知變通，碰到沒教過的東西就不會，讓您不知如何教他？

③ 當您瞭解孩子的性格類型之後，您會怎麼做？

孩子的性格類型傾向（S、N）	我的性格類型傾向（S、N）
孩子和我有什麼相同或不同的地方	**以前我如何教導他？**
現在可以怎麼做？	

他是如何做決定？
孩子是思考型還是情感型？

在了解孩子是思考型（T）還是情感型（F）孩子時，請先進行下面的小測試，勾選下面題目，看看孩子傾向是哪一型？

做做小測驗

☐ 為什麼孩子凡事都要追根究柢？（T）

☐ 為什麼孩子很容易掉眼淚？（F）

☐ 為什麼孩子在學校被欺負也不敢反擊？（F）

☐ 為什麼孩子在兄弟姊妹之間什麼事情都要分清楚才行？（T）

☐ 為什麼孩子讓人感到得理不饒人？（T）

☐ 為什麼孩子常把事情往自己身上攬而不敢拒絕？（F）

☐ 為什麼孩子讓我感覺不貼心？（T）

☐ 為什麼孩子好辯、說話太直接常得罪人？（T）

☐ 為什麼孩子那麼敏感，在乎別人的眼光和想法？（F）

☐ 為什麼孩子想要什麼都要拐彎抹角不敢直接說？（F）

計算您勾選的題數

思考型（T）：.................................. 情感型（F）：..................................

評估結果： 勾選題數較多者，就是孩子所傾向的類型，將結果
以字母填在下面空格。

孩子傾向： ....（思考型 T 或情感型 F）

加上 2-1 的 EI 和 2-2 的 SN 評估結果，將其字母組成
是下列 EST、ESF、ENT、ENF、INT、INF、IST、ISF
哪一種？填在空格中：......................................
＊關於上述問題，詳細解說可參照附錄 1

他一點都不貼心，他卻是個濫好人

考完試，老師發下考卷檢討過後，請小朋友們將錯誤的題目訂正一遍。文文抱怨說：「這次的考題真的很難，我錯這麼多題，要訂正很久耶！」安安說：「不會啊！考題都在老師上課的範圍內，你自己沒有複習好，做錯了就要努力訂正，沒什麼好說的。」文文又說，「剛考完試，我答應陪朋友出去玩，但又要趕這麼多功課，今晚只好熬夜了。」安安說：「那怎麼可以，你應該拒絕朋友才對。這次已經考差了，還一直想玩，下次一定會考更爛。你應該每天做十題……。」文文說：「我又沒有一直去玩，你為什麼對我這麼兇。」安安一聽覺得莫名其妙：「我是在幫你耶，你真的很愛生氣。」

老師在一旁聽到他們的對話真是好笑又好氣，她看到的是安安真誠地規勸文文好好讀書，卻惹得文文生氣，真是好心被雷親（台語）。但這次考試真的比較困難，文文也沒說錯，是否應該放寬訂正的標準呢？

判斷事物的標準，到底是以理性思考還是感情優先？

透過上述的例子，我們可以發現，每個孩子處理事情的方法不太一樣。跟文文類似的孩子，常常碰到得意的事情就興高采烈，碰到不如意的事情則比較會抱怨、情緒起伏比較大，大人們常會觀察到這些孩子相當熱情且貼心，同學、朋友生日，會送上對方喜歡的禮物，父母師長要求的也盡可能努力完成。常常看他們為了別人的事忙得團團轉，這類型的孩子，我們稱為**情感型（F）孩子**，他們在**做決定時比較重感情，容易受別人影響，以情感為依歸。**

而有些孩子則和安安一樣，**情緒起伏不大，做事一板一眼**，他們在面對事情時，首先會分析事情是否合理？是否合乎邏輯？是否公平公正？比較不會因為個人或別人的因素而妥協，有時候大家為了一件事（例如運動會）忙成一團，他卻若無其事地做自己的事情，常會讓老師或同學覺得他很自我中心。這類型的孩子則是**思考型（T）**，顧名思義，這類型的孩子在**做判斷時比較會理性思考。**

孩子越來越大之後，父母就會發現孩子在判斷或決定事情時有些明顯的差異。簡單來說，假如您的孩子常常會對事情分析與評論，那他的性格傾向應該會是思考型（T）；假如您的孩子常常會提到老師說什麼，同學說什麼，並且會受身邊的人所影響，那他可能會是情感型（F）。

思考型（T）	情感型（F）
●就事論事。	●為和諧而遷就妥協。
●沈著冷靜。	●熱情體貼。
●重視事情的公平及合理性。	●重視個人及他人的感受。
●說話直接。	●說話婉轉。

孩子需要規則、重視公平而不夠圓融？

　　上週社會課時，老師就宣布要同學做社區美食的調查報告。沒想到第一組的同學卻忘了準備，等到報告那天，他們才著急地和第二組的文文和安安商量，由他們先上台頂著。只見文文勉為其難地點點頭，安安卻斷然拒絕了，第一組的同學只好坦誠向老師認錯，接受扣分的處分。文文看到同學被老師處罰，心裡覺得很難過，他跟安安抱怨說：「你為什麼不和他們換順序？先報告也沒關係啊，別害同學被罵就好」，安安則是認為他們自己不認真，被扣分是剛好而已。文文覺得安安真的很過分，生氣不理他了，而安安則認為文文不講道理，莫名其妙，兩人為此吵得不可開交。

　　在這個例子中，文文願意幫助同學，先行上台報告，這種犧牲自我，成全他人，重視和諧、避免衝突的性格，是傾向情感型（F）。安安就事論事，重視公平，不會因為同學求助而心軟，破壞既定的規則，這樣的性格傾向是思考型（T）。而兩人最後的爭執其實來自於性格差異，文文重視的是同學間的和諧感受，而安安關注的是既有的規定，事實上，人與人之間的衝突，很大一部分來自於不了解彼此對事情的認知看法或想法，每一個人都以自己的認知來下判斷、做決定，殊不知，不同的性格傾向對事情的認知簡直是天壤之別，可能與自己完全不同。

　　針對思考型（T）孩子喜歡規則的天性，有如下的幾個對策。

思考型（T）

對策 1 | 訂下公平客觀的規則，然後照著規則走

　　像安安這類思考型的孩子，喜歡事情都能訂下規則，然後照著規則走，這樣每個人都能獲得公平與公正的對待。對他們來說，只要訂下了規則就得照著走，沒有所謂「與人為善」、「孔融讓梨」的必要性。即使是家人需幫忙，他也會直接拒絕：「弟弟不在家，為什麼就要我幫他做，那又不是我的工作。」因此，大人們常會以為思考型的孩子愛計較，其實他只是要求照規則走，要求公平而已。

對策 2 | 訂出雙方都能接受的規則

　　有時候，周遭的人會改變既訂的規則，這時思考型的孩子可能會想要知道為什麼，如果被要求遵從新的規定時，他們就會追根究柢，確認這件事是否合理。所以在變化多端的日常生活中，他們時常會問為什麼要這樣做？這是公平的嗎？例如，當老師要求孩子無論上什麼課都要專心時，思考型的孩子，經常會問，假如課程內容他都已經學會了，為什麼不能自己看課外書？這些要求常讓同學覺得納悶，老師則會認為孩子在挑戰權威。這些孩子並沒挑戰權威的意圖，他們只是要了解事情的前因後果，與公平性及合理性。

因此，若是碰到孩子質疑您的規定時，可以私下談一談，瞭解他們的想法和標準，並訂出雙方都能接受的規則，這樣思考型的孩子才會確實遵守。假如大人回答他們：「因為這是我說的，你不需要知道理由」，孩子會無法無法信服，最終只會陽奉陰違。

對策③ 提供圓融的處事範例，培養同理體諒他人

在東方的社會文化中，比較重視團體合作的概念，思考型（T）的孩子喜歡事情都能訂下規則，然後照著規則走，對每一個人都要公平與公正，這樣的行為模式常讓人覺得處事不夠圓融。

因此，大人們在孩子小的時候，盡可能地提供他們公平客觀的規則，而在他們犯錯或未能達標時，給予彈性及修正的機會，並適時地提供各種不同的案例，例如跟孩子分享自己在職場中遇到的事件，讓孩子試著感同身受，體諒別人的困難。

思考型講求公平

孩子追根究柢還是隱藏想法不敢表達？

　　住在鄉下的奶奶千里迢迢地扛了一袋蔬菜送到家裡來，特別叮嚀說，這些菜是她每天挑水施肥，品質優良的「有機蔬菜」，「你們看，這菜上面被蟲咬過，長得比較醜絕對沒有農藥喔。」弟弟說：「您種的蔬菜有經過認證嗎？如果沒有就不算有機的。您是隨便種在田邊嗎？被蟲咬過的菜會有蟲大便吧！」奶奶看孫子講得口沫橫飛，她卻聽得一頭霧水，姐姐趕緊出來打圓場：「奶奶辛苦種的菜，一定是最安全最好吃的。」弟弟說：「自然老師有教過，土壤肥料、栽培方式都要注意，不然還是會有問題。」姐姐把弟弟拉到一旁小聲地說：「奶奶種了那麼久的菜，你這樣講她會很傷心啦，你只是紙上談兵，根本不懂種菜。」弟弟：「你很奇怪吔，我只是在說有機蔬菜的認證，又沒有說奶奶怎麼樣。」

　　這個例子中的姐姐和上述的文文一樣，都是傾向情感型（F）的孩子，他們**天生就會體貼、關心別人**，**通常很能察言觀色**，會刻意的討好他人，也害怕別人發脾氣，例如姐姐怕奶奶難過，就先撒嬌示好，這是因為情感型的孩子比較沒有安全感，膽子也很小，所以希望關係和諧，害怕產生衝突。假如大人說話大聲一點，或不斷爭執吵架，就嚇得全身僵硬或哭了起來。而當他們犯錯時，最擔心被責備，所以父母對情感型的孩子要更溫柔的對待，給與包容與支持。

情感型（F）的孩子為了和諧，總是要顧及別人的看法，不敢表達自己的意見。即使面對家人，他們說話也常拐彎抹角，例如姐姐也許不想吃到有蟲的菜，但怕奶奶傷心就，勉強收下了。有時候孩子會婉轉地說出自己的嗜好：「媽媽，你看那蛋糕好漂亮，好好吃喔！」事實上，他是想要吃蛋糕卻不敢直接說出來，因為害怕被拒絕，擔心自己不被爸媽喜歡，而壓抑隱藏自己的想法。

　　假如父母不夠細心，沒有覺察到孩子的需求，他就會覺得委屈，情緒壓抑久了，終有一天會爆發出來，有時幾近歇斯底里的情況，會讓大人驚嚇不已。假如您是思考型（T）的父母，可能會完全無法理解情感型的孩子為何會如此無理取鬧或情緒化，殊不知這是情感型（F）的孩子壓抑情緒到了極限，所呈現出來的現象。

　　一般來說，情感型的孩子在團體中會比較受歡迎，但通常都會遷就他人而委曲自己，以致遇事猶豫不決，不敢自己下決定。例如，去

情感型重視他人評價

校外教學時，明明想坐摩天輪、旋轉木馬，朋友卻嫌無趣而不想玩，他只好跟著朋友一起去玩雲霄飛車、自由落體……等刺激的遊戲。選社團時，心裡喜歡的是羽球社，但還是會問朋友到底要選什麼社比較好？假如朋友要他去打籃球，他就會跟著一起去，結果可能會因為球技太差，只能坐板凳做雜務。

情感型（F）

對策 1 | 引導情感型孩子 練習說出自己的需求

　　雖然情感型的孩子的孩子常會為了遷就團體利益而保持沉默，或委婉地說都可以，但他們並不是沒意見、沒想法，更不是表達能力不佳，只是擔心會破壞和諧而已。

　　假如能理解孩子內心的小劇場，也可以問問孩子有什麼好的意見與想法，並適時給予機會，讓他們在安全溫暖的環境中學習表達。

對策 2 | 引導情感型孩子 設立界線，適度說「No」

　　情感型的孩子因為害怕衝突而變成濫好人，別人要他做什麼都答應，別人給他什麼東西都全盤接受。師長們要常和他們討論自己的能力和時間，先把分內的事情做好，行有餘力再幫助別人，從小引導他們設定明確界限，適度地對人、對事說「No」，並且學習勇敢地表達出自己的想法、感受、意見，不要因為害怕破壞和諧而壓抑情緒，事事妥協而委屈自己。

情感型說話婉轉

孩子說話直接還是說話婉轉害怕衝突？

姐姐哭著來向媽媽告狀：「弟弟罵我很醜，又說我沒有美感，不會配色。」弟弟緩步踱來：「我只是說她的衣服很奇怪，粉紅配紫色真的很醜。」姐姐說：「你上次化粧舞會扮演天使，大家都笑你又胖又笨，我怕你傷心還稱讚你很可愛，你現在居然這樣對我！」媽媽聽了又好氣又好笑，只好抱抱姐姐安慰一下。

思考型（T）的孩子有很好的分析能力，他能看見事件的邏輯與謬誤，並帶著犀利的言辭直接說出來。對他而言，只是把所見所聞講出來而已，並不知道（也不關心）對方會有什麼感受，所以當別人說他罵人時，思考型的孩子可能會覺得莫名其妙，有種被冤枉的感覺。

而**情感型（F）的孩子**的人（無論年紀多大）都會**認為所有事情都是針對「我這個人」，因此就會覺得別人是在說「我的不是」，因而感到受傷**。這是思考型所無法理解的，畢竟情緒與感受對他們來說，恰恰是性格傾向的盲點。要安撫情感型的孩子不需說理，只要給予肢體的碰觸及親密的動作，包括：輕拍他的背、一個握手、一個微笑、叫他的名字、在班上被注意、眼睛直接接觸、一個擁抱，他們的情緒就會和緩下來。

根據研究，幼兒從兩歲就開始發展同理心，情感型的孩子在這方面有天生的優勢，很自然就會發展出來，但是思考型的孩子就必須要大人的提醒與教導。假如思考型的孩子只發展出分析、評論、判斷事情的合理和邏輯性等優勢性格，未來很有可能過分尖銳、憤世嫉俗而不自覺，他們凡事理性，說得頭頭是道，但始終少了一股「人情味」。

對思考型的孩子而言，他重視的是自己的能力，稱讚或責備他時都要舉出具體的事實，否則他會覺得你只是在敷衍呼嚨。那些善意地碰觸及擁抱動作和語言，他會覺得太過浮誇矯情，假如真的要做，也要徵求他同意才可以，真要表示讚賞，豎起大拇指或擊掌即可。

對策 ① 同理心的應用

面對情感型（F）的孩子，父母與老師們要瞭解他們比較敏感的性格，同理他們的感受，常常鼓勵稱讚他，建立他的信心，到青少年時就能獨立思考，體認自己的價值。

思考型（T）的孩子不會刻意地批評或挑剔，但是聽在情感型的人耳裡，卻覺得是在指責，甚至是攻擊。所以，父母要教導思考型的孩子體諒別人的感受，尤其是要讓孩子學習同理心。

思考型說話直接

對策 2 | **正確讚美方式，讓孩子感受到父母的愛！**

　　稱讚思考型（T）和情感型（F）的孩子時，方法也會有所不同。面對情感型的孩子時，稱讚他們，要同理他們的感受；而面對思考型的孩子時，要舉出具體的事實，才能讓他們確實感受到父母是真的在稱讚他們。

　　該如何稱讚，才能確實讓思考型和情感型的孩子感受到父母的讚賞呢，我們整理了幾個方法如下。

稱讚思考型（T）的孩子	稱讚情感型（F）的孩子
●那太有智慧了！ ●這是個好方法！ ●你將會超越那個標準之上！ ●真是聰明的做法！ ●事情真的達到你所希望的！ ●你做 _____ 顯示你的能力很強！ ●你的能力讓我感到佩服！ ●真的，確實就像你說的那樣。	●做的好，庭庭！（用他的名字來說，這非常重要） ●哇！你真是貼心！ ●你的作業寫得太棒了！ ●我很開心而且了解你的努力！ ●我喜歡你做事的方法！ ●你是超人、你是天使！ ●我愛你，給你一個抱抱。

孩子瞭解自己的能力與定位還是重視他人評價？

安安剛升上五年級時，非常認真與努力，第一次月考成績公布之後，果然名列前茅，之後他就放鬆心情開始玩樂，不再那麼拼命用功。媽媽想起他三年級的時候也是這樣，這是什麼道理呢？安安說：「我已經知道我的實力在哪裡就可以了，永遠站在那個位子上壓力太大了，讓給別人坐吧」。

思考型（T）的孩子能夠瞭解自己的能力與定位，決定自己要盡**多少力**，要站在什麼位置，所以能將情緒抽離出來，接受建設性的批評，當老師或同學評論他畫的長頸鹿像兔子時，他可能會說：「不像就不像，反正我的專長是數學，又不是美術」，還是對自己的能力充滿信心。

而**情感型（F）的孩子，信心是來自別人對他的評價與肯定，所以他們對別人的批評非常敏感**，如果自己在家被父母喜歡，在學校受同學歡迎與老師的喜愛，他們就能夠學習的很好；如果聽到老師或同學的批評，可能立刻就覺得很氣餒，覺得自己能力太差，然後就感到強烈的自卑，甚至因而對老師產生恐懼，對那位老師所教的課程也會學得不好，或放棄學習，甚至會不想到學校上學。

挑戰與關心

　　對待思考型（T）的孩子，可以建立一個公平的機制，讓他們自由去接受挑戰，即使給予直接批評也比較沒有問題。

　　而對情感型（F）的孩子，可能要先跟他們建立親近的關係，再委婉地給予建議，因為他們很在意別人對他的評價，內心很容易受傷而失去信心。

允許犯錯，
接納取代責備

　　當情感型（F）孩子犯錯時，常會有災難化的想法，接納取代責備是很重要的事，先擁抱安撫，再和緩教導，對情感型的孩子比較有效。而思考型（T）的孩子非常看重成效，所以會特別無法接受失誤或挫折。例如考試成績不理想時，他自己內心就會非常的難過，如果父母又再責備他，會讓他更加沮喪，甚至可能會感到自己無能而自我放棄。因此，師長們要能夠允許他犯錯，並試著了解他的想法，和他討論事情解決的方法，然後放心地讓他走自己的路。

【 思考型 T｜情感型 F 】孩子的教養祕訣

　　每個人都會有思考及情感的特質，只是在做決定時，會本能、直接的以自己的性格優勢傾向，來處理外在世界所面對的人事物。當父母了解孩子的性格優勢與盲點後，假如能引導他們覺察自己該用理性思考來處理或決定事情，以及面對他人時留意自己是否該試著用感性的一面，來接納同理別人的感受及情緒，這樣孩子在未來的人生道路上，才能走得更好更穩。

　　以下針對思考與情感的類型做一些重點提示，並依各個特徵提供教養策略。

個性特徵①		教養策略
思考型（T）	重視公平性	訂定公平公正的規則。
情感型（F）	關心人際間的和諧	給予孩子包容與支持。
個性特徵②		**教養策略**
思考型（T）	凡事追根究柢，需要知道為什麼	1. 直接、清楚的回答孩子的問題。 2. 明確的訂定評估標準。
情感型（F）	重視感受，情緒細膩	1. 照顧孩子的感受。 2. 衝突後給予安慰與支持。
個性特徵③		**教養策略**
思考型（T）	說話直接	教導孩子同理心。
情感型（F）	說話婉轉	鼓勵孩子表達自己的想法。
個性特徵④		**教養策略**
思考型（T）	能瞭解自己的能力與定位	1. 允許孩子犯錯。 2. 具體稱讚孩子的能力。
情感型（F）	重視他人的評價	稱讚孩子的貢獻和價值。 （如：善良，溫暖等特質。）

性格評估題

全家一起做做看！

我們也可以用下面這幾個指標來檢視，看看自己是哪種類型。
以下是強迫選擇題，每一題都要選擇其中一個答案。

---

1. 孩子在學校跟同學發生衝突我首先會

☐ A. 分析來龍去脈並看如何解決問題（Ｔ）。

☐ B. 先安撫孩子的情緒再問事情經過（Ｆ）。

2. 做決定時你認為最重要的是

☐ A. 分析事情的合理性和邏輯性來做決定（Ｔ）。

☐ B. 會調查、詢問他人的意見，以不影響團體為重（Ｆ）。

3. 你比較喜歡別人如何稱讚你

☐ A. 能幹、理性（Ｔ）。

☐ B. 有愛心、有同情心（Ｆ）。

計算您勾選的題數

那一類型較多，即表示為自己的性格傾向。

A 答案的題數有幾題？ .... ➡ 思考型（Ｔ）

B 答案的題數有幾題？ .... ➡ 情感型（Ｆ）

爸爸是 .... 型，媽媽是 .... 型

姐姐是 .... 型，弟弟是 .... 型等。

也可詢問你的朋友或較親近的人，你和孩子是一個怎樣的人？一般來說，思考型（Ｔ）和情感型（Ｆ）有一些固定的特質，如下。

朋友眼中的你
思考型（Ｔ）　專長是分析與評估事情的邏輯及合理性，要求事情按照規則與公平性。
情感型（Ｆ）　座右銘是「人生以服務為目的」，重視和身邊親近的人都能和睦和諧相處，寧可犧牲自己成全他人或妥協。

1　觀察孩子做決定時，傾向是思考型（T）還是情感型（F）？

2　試著想想您的孩子曾經碰到這樣的困擾嗎？例如明明功課已經做不完了，卻被朋友拉著去買生日禮物？或是孩子說話很直白，常常讓人覺得不舒服？

3　當您瞭解孩子的性格類型之後，您會怎麼做？

孩子的性格類型傾向（T、F）	我的性格類型傾向（T、F）

孩子和我有什麼相同或不同的地方	以前我如何教導他？

現在可以怎麼做？

行動力的展現
孩子是果斷型還是隨性型？

在了解孩子是果斷型（J）還是隨性型（P）時，請先進行下面的小測試，勾選下面題目，看看孩子傾向是哪一型？

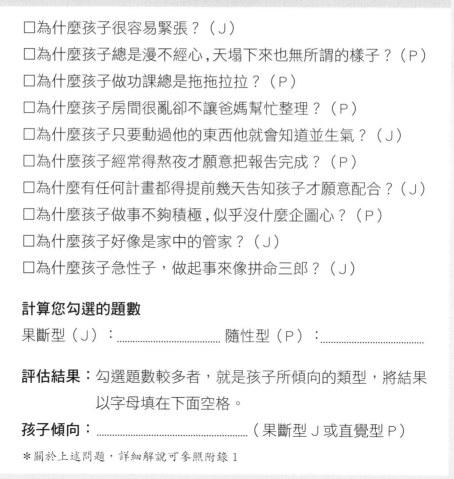

做做小測驗

☐為什麼孩子很容易緊張？（J）

☐為什麼孩子總是漫不經心，天塌下來也無所謂的樣子？（P）

☐為什麼孩子做功課總是拖拖拉拉？（P）

☐為什麼孩子房間很亂卻不讓爸媽幫忙整理？（P）

☐為什麼孩子只要動過他的東西他就會知道並生氣？（J）

☐為什麼孩子經常得熬夜才願意把報告完成？（P）

☐為什麼有任何計畫都得提前幾天告知孩子才願意配合？（J）

☐為什麼孩子做事不夠積極，似乎沒什麼企圖心？（P）

☐為什麼孩子好像是家中的管家？（J）

☐為什麼孩子急性子，做起事來像拼命三郎？（J）

計算您勾選的題數

果斷型（J）：.................................. 隨性型（P）：..................................

評估結果：勾選題數較多者，就是孩子所傾向的類型，將結果以字母填在下面空格。

孩子傾向：.................................（果斷型 J 或直覺型 P）

＊關於上述問題，詳細解說可參照附錄 1

連同 2-1～2-3 所評估的結果，四個字母組成後是下列：
ESTJ、ESFJ、ENTJ、ENFJ、ENTP、ESTP、ESFP、ENFP、
ISTJ、INTJ、INFJ、ISFP、ISTP、INTP、INFP、ISTP
是其中哪一種？填在空格中 ....，
這就是孩子的性格類型。

＊關於上述問題，詳細解說可參照附錄 1

勇往直前衝衝衝，散漫隨性任他行

　　校慶前夕，老師和文文在檢查第二天園遊會需要準備的東西，「我上個星期就把座位排好，飲料買好，餐具也準備了，裝飾的東西放在後面……。」文文拿出一張紙，一邊唸一邊打勾，老師覺得這麼小的孩子就會使用檢核表，真的好神奇，於是問文文：「你怎麼會想到要這樣做？」文文爽朗地回：「我不太喜歡亂七八糟的感覺，看到媽媽幫公司做帳時，常使用表格來分類，就學起來，後來覺得很方便，就一直用這方法做事。」老師：「你真棒，咦，園遊會的宣傳海報有做嗎？」文文：「安安說他可以做，他答應今天早上九點拿來，現在已經下午二點多了，怎麼還不見人影？我去找他。」文文去安安家，只見他還躺在床上看漫畫，地上、桌上散放了一堆書本、作業本、彩色筆、剪刀，還有零食和和手機。「你的房間怎麼這麼亂？園遊會的海報呢？」文文問。安安：「不是今天畫完就好嗎？我等一下就會畫。這幾天忙著和朋友連線打電動，又去看電影，沒時間畫。」安安氣極敗壞地說：「你上禮拜三就答應我要畫了，怎麼可以耽擱這麼久？等

一下才畫怎麼畫得好？」安安：「可以的啦，你放心，我看完這本就畫。」文文生氣地說要去跟老師告狀：「我要跟老師說，你答應別人的事都沒做到。」安安覺得莫名其妙，不曉得他到底在氣什麼。

第二天，安安在園遊會表開演前，才急急忙忙地衝進來，老師和文文怒氣沖天準備罵他，只見他從書包拿出一幅引人注目的宣傳海報，創意的構圖，豐富的色彩，大家看了都驚呆了。

性格與生俱來，接納並引導，讓孩子適性發展

從上面的例子，我們可以發現有些孩子做事一板一眼、效率很高，會提前完成工作，讓父母和師長很放心；而另一些孩子似乎不太有責任感，做事拖拖拉拉地，最後期限快到了尚未動工，仍然一副不在乎似的玩樂，一點也不緊張，常會讓身邊的人不斷地催促。

父母常在孩子很小的時候就能觀察到這兩種性格類型的差異，**喜歡外在秩序有條有理的孩子是果斷型（J），喜歡享受生活，自由自在的孩子是隨性型（P）。**

父母與師長也許會認為，果斷型的孩子未來應該會比較有成就，「管理」與「效能」不是現代社會最重視的嗎？隨性型的孩子真的是太散漫了，遲交拖延、不守約定，這些缺點假如沒有改善，以後出社會要怎麼辦？確實在日常生活中，可以看到許多隨性型的孩子因為這些問題而被糾正指導，家長面對老師的聯繫，真的是非常無奈，看到別的孩子已經做了七篇作業，自己的孩子只寫了一篇，花了很多力氣去督促，教也教了，罵也罵了，孩子的行為也不見得有多大的改善。許多家長為此心力交瘁，甚至引發親子戰爭，但是，孩子的生活還是亂成一團。這該怎麼辦呢？

假如孩子是果斷型（J）的，就真的是品學兼優的好學生，完全沒有生活或學習上的困擾嗎？事實上，他們雖然擁有負責盡職的好德行，但在團體中常給人過度緊張、緊迫盯人的印象，讓人無法放鬆；常常焦慮、擔心事情無法如期完成，可能會引起同學的不悅。

反之，跟隨性型（P）的孩子相處永遠沒有壓力，因為他們常常把工作當遊戲，並且擁有新奇有趣的好點子，雖然不到最後關頭，絕不輕言做事，但是常常會有令人眼睛一亮的好成果。假如是您，會想跟哪一種人合作呢？

從生活方式來說，通常果斷型的孩子需要看得見的計畫方針及時間分配來指引方向，並即時掌控進度；而隨性型的孩子則是在看不見的腦中思考，蒐羅整合龐大的資料，並依靠最後期限的壓力，所產生的爆發力，整合完成他最佳的作品。

因此，時間觀念可以說是果斷型和隨性型孩子之間的巨大差異之一，果斷型孩子的「準點」就是明確的幾點幾分，而隨性型孩子的「準點」則是這個時間點的前後一段時間，可能是一兩個小時或一個半天。而隨性型的孩子認為在最後期限完成並提交即可，但通常果斷型的人認為倉促趕出來的東西，不會是完整的好東西，因此在相處的歷程中，常會造成許多誤解和溝通上的衝突。

「江山易改，本性難移」，這句話有一半是對的，**與生俱來的性格傾向確實不容易改變，但只要能瞭解接納，加以引導，孩子都能在生活及學習上獲得快樂與滿足。**每種性格類型都有優勢和盲點（潛力性格），並沒有哪種特別好或特別壞，大部分優劣的觀點都來自於社會規範及價值偏見，所以家長們看待孩子，最重要的是無條件地接納，從孩子既有的性格類型中尋求亮點，而不是用另一把量尺，幫他改成另一種人。

急驚風遇上慢郎中？如何建立孩子良好的生活習性

在生活中的例行事務上，**果斷型（J）的孩子好像不需要教導，就能自行處理好所有的事**，例如準時起床、按時吃飯、訂定計畫、複習功課……，常讓父母師長覺得非常欣慰；而**隨性型（P）的孩子則需要隨時指導，處處提醒**，好像交給他什麼事都無法放心的感覺。

然而，假如臨時出了狀況，**隨性型（P）的孩子好像比較能隨機調整，自得其樂**；果斷型（J）的孩子可能就會**暴跳如雷，或楞在那不知所措**。因此，我們必須瞭解孩子的性格類型，並掌握有效的方法，引導孩子做出更好的決定。

隨性型喜歡邊做邊玩

果斷型（J）	隨性型（P）
●喜歡有條理、有秩序的規律生活。 ●事先規劃，設定目標。 ●講求效率，使命必達。 ●掌控進度。	●喜歡自由探索，隨心所欲地生活。 ●隨機應變，保持彈性。 ●不受限於達成單一目標，享受工作歷程的樂趣。 ●拖到最後一刻才拼命做完。

孩子喜歡有條不紊還是享受生活驚喜？

段考前一週的連續假期，姑姑打電話來通知，希望大家一起去日月潭玩。老大知道這件事後，一直在客廳踱步碎念，一下子說不知道日月潭有什麼好玩的地方，一下子又擔心功課複習不完……，總之就是有一大堆惹毛他的事物。而老二卻顯得很高興，一想到能去中南部玩，實在太棒了，很久沒跟姑姑見面，趁著出遊一起聊聊，真是一箭雙鵰啊！

老大是果斷型（J），除非他把原來計畫裡的事完成了，否則再怎麼新穎有趣都會使他煩躁。老二是隨性型（P），天生就喜歡變化驚奇，隨性而為，生活中假如沒有新鮮事的話，他還會自己創造呢！所以同樣的一件事，果斷型和隨性型的孩子會有不同的觀感與做法。

> **對策 1** | 引導果斷型（J）的孩子
> 應付不可預知的事件

果斷型的孩子有**明確的時間感和規劃性，對於團體中所訂定的規範或計畫往往近乎刻板地遵守，按步就班難以改變**，因為他們認為每個人都負起責任完成所有事情，世界才能井然有序，有效率地往前進步。所以不管在家庭或學校，家長或老師們盡可能在計畫有所變動時，

提前告知改動的內容（最好提早一個星期告知），讓他們能重新規劃準備。否則孩子會感到一片混亂，心情十分焦慮，做不了其他工作。

然而現實生活中，有太多無法事先規劃的事情，例如考試延期、生病請假、交通問題……，碰到這種臨時改變的狀況，果斷型的孩子可能都認為是「危機」，隨時緊張兮兮。要他們改變其實是相當困難的事，這時可以先引導他們學習放輕鬆，「危機可能是轉機」，然後檢視一下原來的計畫，也許就可以應付了。例如先把功課複習到一個段落，再赴姑姑的玩樂之約。

對策 2｜引導隨性型（P）的孩子 瞭解事情的輕重緩急

隨性型的孩子本來就**比較有彈性，他們喜歡體驗、嘗試各式各樣的活動，越是刺激越感到驚喜**，這些預料之外的變化，**常讓他們把真正重要的事情拖延擺爛**，先玩再說，對於約定的事，常會忘記或無法遵守，讓父母及師長覺得孩子無法擔當大任。所以要引導他們學習分辨事情的輕重緩急及優先順序，否則就會過得雜亂鬆散，該做的事都沒有完成。

師長們可以透過團隊遊戲或活動的方式，讓孩子負責某些任務，以同儕壓力及團隊榮譽，讓他們瞭解遵守制度與規則的重要。在活動的歷程中，隨性型的孩子一方面能享受自由與競技的快感，另一方面也能獲得與人合作，共同完成任務的高峰經驗。

孩子喜歡提早計畫還是趕在死線才完成？

　　兩個月的暑假即將結束，只見老二做勞作，寫作文，拿盆栽，忙得團團轉；而老大則氣定神閒地坐在客廳看電視休息。媽媽一問之下才知道，老大在放假第一週就完成暑假作業，而老二則是一放假就開始耍廢，兩天後要開學了才拿出作業。媽媽聽了又好氣又好笑，雖然罵了老二不提早做事，但看他熬夜趕工，也十分心疼。

　　這樣的狀況總是一再發生，老大都是氣定神閒地提早完成，老二也老是沒得到教訓，這就是性格類型的影響。果斷型（J）的孩子對時間比較敏感，他們很注意「截止日期」、「行動敏捷」，知道多少時間可以讓他們完成工作，而且會做充分的運用。而隨性型（P）孩子的時間感比較不真實，他們總是很難遵守期限，按照自己的節奏步調，對他們而言比較自在。

　　由於對時間掌控方式有所差異，**果斷型的孩子喜歡按照計畫，一件一件地進行，隨時掌控事情的進度。而隨性型的孩子則必須在時間緊迫的壓力之下，才能爆發出他的能力**，譬如熬夜熬個三天三夜，在最後期限把事情趕出來。他可能無法接受每天做一點，逐步完成一件任務。

就像遇到學校考試時，果斷型的孩子不用父母操心，早早就按照計畫準備妥當，考試前還可能提早休息，養精蓄銳。而隨性型的孩子到考前才會緊張，父母常看他挑燈夜戰，一早帶著惺忪的眼睛趕到學校去應考。這種狀況一再發生，小學的時候還可以勉強他早睡早起，國高中之後，孩子根本無視於父母的碎唸，常常火燒屁股才開夜車。

對策 ① 引導隨性型（P）的孩子 訂出最後期限

隨性型的孩子對於完成工作所需要的時間，往往估算得太過緊湊，常常沒考慮到其他干擾因素，導致所有的事情都會衝在一起，所以父母必須和他討論什麼是緊急、必辦的事。例如，孩子會預訂暑假結束前兩天才寫作業，這是他認為全心投入可以完成作業的時間，可是那幾天可能已經預訂了別的計畫，最後一天是返校日，前一天還有家族聚會，所以至少要在開學前四天就必須開始做功課。

引導孩子找出計畫的最後期限，以及「一定」得完成的時間。例如要提醒他「還有 10 分鐘時間，不然就遲到了」、「還有兩天就是最後期限了」，讓他從最後的時間往前推算，如此一來他才能體認到時間的急迫性，激發他開始工作的動力。

對策 2 | 允許隨性型（P）的孩子 趕工熬夜

　　隨性型的孩子，對於「準時工作」真的很難做到，因為他們看似無所用心，其實是在腦內規劃，做事之前總想再收多蒐集一點資料，對事情保持開放和探索的態度，直到最後期限的壓力之下，才完整地把之前所思所想表現出來。所以他們做出來的成品，往往是他最精華的成果呢！而大人們卻認為「趕出來的東西哪會是好東西」，其實是不瞭解他們的性格傾向，他們一直在組織計畫，只是那些東西都在大腦裡而已。

　　儘管大部分人不能苟同趕工的作法，可是在瞭解性格類型的前提下，父母大可放手讓他去熬夜，只要關心他需不需要準備宵夜點心，孩子就能感受你的關懷與愛心。假如不斷要求孩子改變，終究只會造成彼此的衝突，但對事情並沒有幫助。

對策 3 | 引導果斷型（J）的孩子 合理計畫，不需超前

　　引導果斷型孩子做計畫時，可以讓他估量整個工作需要多久時間，一開始就設下開始到結束的期限，然後把事情分段規劃讓他們按表操課。當然也要特別提醒他們其他因素的干擾，例如突然生病、親戚來訪等，最後告訴他們，在合理的時間內完成即可，不用特意要求超前速度。

孩子重視結果還是享受過程？

耶誕節到了，老師請大家幫忙布置教室。文文在老師分配好工作之後就立刻著手進行，窗戶擦亮、貼上雪花，裝上鈴鐺……，他努力地完成一項又一項的工作。安安帶著同學邊弄邊鬧，甚至放下手邊的工作去打球、捉昆蟲，文文氣得責備他們「不要邊做邊玩」，安安理直氣壯地回答：「我們是寓教於樂，而且耶誕樹和小圓燈我們都組好了啦。」

師長們獲知文文的告狀時，難免會覺得安安他們邊做邊玩，工作態度不佳，是想偷懶且沒有「責任感」的表現，但想必安安也無法理解，為什麼一定要嚴肅地工作，最終會把事情做好就好，過程中所能發現的樂趣是無法忽略的。

以讀書來說，**隨性型（P）的孩子會邊讀邊玩，享受學習的樂趣，因為他們很擅長給自己找一個好理由**，來合理化事情的結果而釋懷，成績起起伏伏就不是他所在意的事了。

而**果斷型（J）的孩子則有清楚的目標，比較重視學習之後所獲得的成績**，對於未來也比較有企圖心。

果斷型喜歡及早完成計畫

對策 1 | 引導隨性型（P）的孩子 遵守必要的規範

隨性型的孩子不論在工作或讀書態度上，總會讓大人擔心是否能達到該有的學習目的。但是要求孩子規劃時程，並且按表操課，過了一段時間之後，他們又散慢如故，不論怎麼責罵或督促，好像都無法達到具體的成效。師長們要能夠理解這樣的孩子，並欣賞他們的天真樂觀，引導他們學會遵守既有的規矩，建立合宜的做事與生活態度，接下來就只能放手，讓他們輕鬆過日子即可。

對策 2 | 提供果斷型（J）的孩子 樂活計畫

果斷型的孩子通常會設定符合主流價值的明確目標，這樣能讓他們感到安心。師長們在看到他們一板一眼的計畫時，可以提醒他們將「休閒玩樂」也放進計畫之中，這樣生活及學習的歷程才不致於太枯燥乏味。

不同的性格類型各有其優勢與盲點，沒有好壞，更沒有對錯。父母師長們要了解自己與生俱來的長處，同時更要瞭解並欣賞與您不同的孩子，開發彼此潛在的發展領域，因為，他的長處有可能正是您的盲點！

【 果斷型 *J* ｜ 隨性型 *P* 孩子的教養祕訣 】

認識果斷型（J）和隨性型（P）的孩子在生活習性的不同表現，瞭解他們與生俱來的巨大差異，就能促進親子間的良性溝通，減少生活上的磨擦與衝突。只要透過適合的方式加以引導，順應孩子的優勢，就能使他們發揮所長，創造美好的學習經驗。

以下針對果斷與隨性的類型做一些重點提示，並依各個特徵提供教養策略。

個性特徵①		教養策略
果斷型（J）	喜歡生活有條不紊	協助孩子學習放輕鬆，別太緊張。
隨性型（P）	喜歡體驗生活中的驚喜	給予孩子讀書、遊戲、工作等較大的彈性空間。
個性特徵②		**教養策略**
果斷型（J）	喜歡及早完成計畫	協助孩子規劃時程表。
隨性型（P）	趕在期限的最後一刻才完成	引導孩子從最後期限往前規劃時間，以便完成目標。
個性特徵③		**教養策略**
果斷型（J）	重視結果，目標導向	教養孩子放下焦慮，肯定成果。
隨性型（P）	邊做邊玩，沒有明確的時間觀念	提醒結束的時間，帶領他排除困難完成計畫。
個性特徵④		**教養策略**
果斷型（J）	有明確的時間感	計畫若有變動，要提前告知孩子。
隨性型（P）	隨遇而安，漠視規則	用遊戲的方式，來協助孩子建立遵守規則的習慣。

性格評估題

> **全家一起做做看！**

我們也可以用下面這幾個指標來檢視，看看自己是哪種類型。以下是強迫選擇題，每一題都要選擇其中一個答案。

---

1. 你無論做任何事情通常會

☐ A. 預定目標，講求效率並貫徹到底（J）。

☐ B. 做多少算多少，隨時可以調整和改變（P）。

---

2. 計劃一個旅遊時，你比較喜歡

☐ A. 時間路程事先完整規劃，才能放心玩（J）。

☐ B. 跟著感覺，走到那兒玩到那（P）。

---

3. 你處理事情時比較多的時候喜歡

☐ A. 儘速提前完成以便解除壓力（J）。

☐ B. 依照自己的步調進行，享受做事的過程（P）。

計算您勾選的題數

那一類型較多，即表示為自己的性格傾向。

A 答案的題數有幾題？..............................➡ 果斷型（J）

B 答案的題數有幾題？..............................➡ 隨性型（P）

爸爸是 ....型，媽媽是 ....型

姐姐是 ....型，弟弟是 ....型等。

也可詢問你的朋友或較親近的人，你和孩子是一個怎樣的人？一般來說，果斷型（J）和隨性型（P）有一些固定的特質，如下。

朋友眼中的你	
果斷型（J）	凡事先計劃，做準備，不想有意外。講求效率，希望事情能快速做決定並完成。
隨性型（P）	喜歡自由探索，享受過程，不一定要達成什麼目標，經常在最後一刻的壓力下，才願意下決定或完成工作。

① 您觀察到孩子學習方式是「果斷型（J）還是隨性型（P）」？

② 試著想想您在教養孩子時曾經碰到這樣的困擾嗎？例如做功課拖拖拉拉，常常摸到很晚還不睡覺？或是臨時更改計畫時程，孩子就會亂發脾氣？

③ 當您瞭解孩子的性格類型之後，您會怎麼做？

孩子的性格類型傾向（J、P）	我的性格類型傾向（J、P）
孩子和我有什麼相同或不同的地方	**以前我如何教導他？**
現在可以怎麼做？	

Part
3

尋找孩子的
性格密碼

性格類型指標（MBTI®）可以找出每個人天生最自然的
行為模式，也就是性格優勢的部份，如 Part 1 和 Part 2
所述，從「與別人互動習性」、「認識新事物」、「做
出決定」及「生活做事風格」等 4 個維度，各在兩個對
立傾向中取一，歸納出 16 種普遍的性格類型。透過 16
型性格密碼，來了解自己與孩子的整體性格（即是一般
所說的習性），藉此可以找出每個人天生最自然的行為
模式，找出最適切的溝通教養方法。

孩子的 16 型性格密碼

　　有些細心的家長會發現，縱使都是外向型的孩子，但是表現出來的樣子不太一樣；而隨性型的孩子之間，彼此也不太相同，是不是分類的指標不準啊？其實人是各種元素因緣聚會的綜合體，性格的分類也絕對不是簡單的切截，而是每個向度相互影響的成果，以每個指標的第一個字母來代表。邁爾斯・布里格斯（Myers Briggs）將四大分類推衍而成十六種外在自我表現型態，每一種型態可以再更細緻地表現出一種特定的性格。（請參考右頁表 1）

　　這些性格類型看似複雜，但約略將我們日常生活中所接觸的人物都涵蓋進來了。以電影、戲劇或小說為例，大家會不會覺得那些編劇及作家真了不起！怎麼能夠創造那麼多不一樣的人物角色，又那麼貼近真實的人性呢？他們的靈感是怎麼來的啊？而且不知道為什麼，很多叫座的影片或暢銷小說中的人物，都有一些共同的特徵，例如喜愛冒險的人物總是活潑熱情；負責盡職的角色一定是中規中矩；英雄人物有幾個固定指標；壞蛋也一定會做某些歹事……，全世界的作者們好像心有靈犀似的，總會將某種典型的人物形象塑造得十分類似。

　　想要描寫虛幻角色其實說穿了並不難辦，因為很多創作者們經常會以榮格的性格類型或邁爾斯・布里格斯（Myers Briggs）的人格指標作為塑造人物的實用指南，想要安插哪一種類型的角色，就研讀一下榮格及邁爾斯・布里格斯（Myers Briggs）的分類，不但可以建立人物

的行止，還可以預測這類型的角色碰到什麼事情會有什麼反應。

當然，我們也可以觀察及辨識自己或家人的性格傾向是哪個類型，也許會找到非常有意思的脈胳。但是對孩子而言，似乎不太能直接套上某一種類型的框架，可能是成長的因素，導致某一個類型還沒有很明確地顯現出來，或是孩子已經表現出某種傾向，但父母親卻忽略了。比較容易被觀察到的，通常是明顯的外在行為，或是與父母相反的特質。以下將針對這些類型簡單介紹，並提出有效溝通的建議。

表 1

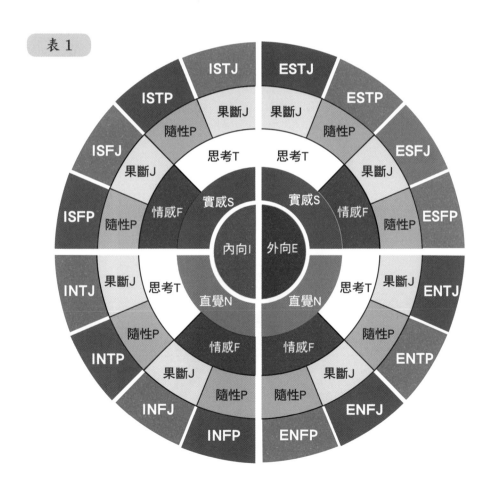

01 拼命三郎型 | *ISTJ*

內向、實感、思考、果斷

拼命三郎型（ISTJ）的孩子**冷靜寡言，講求實際、條理分明**，重**視精確的細節和合乎事實的證據**。他們是非常專心的工作者，會盡一切努力將事情做到最好，追求務實的良好聲譽，擁有良好的生活紀律和讀書習慣。雖然他們不太會主動說出自己的想法，但通常做任何事之前，都會有目標及計畫（不論是自己或是別人訂下的），並且會努力執行直到完成，是父母師長眼中優秀的模範生。

有一位國小音樂班的老師分享學生小優的故事。這位老師曾經在課堂上隨口說，用功的學生每天至少要彈琴兩個小時以上，並且每一首曲子都要彈兩遍，要認真彈，彈錯的話就要重練。

　　過一段時間之後，她發現小優雙手戴著護腕，聯絡簿上記錄的練習時間很長，而且計算到秒數，於是就隨口稱讚一下，並問她說是不是用碼錶計時，小優說：「是。」老師只覺得這個學生真特別，卻也不以為意。沒想到當晚就接到小優媽媽的電話，她說小優想要成為老師眼中的用功學生，每天都花五、六小時練琴，為了處理樂曲中的細節，彈錯了再彈，搞到手腕發炎。而且，晚上十一點多還在彈琴，鄰居都來抗議了。

　　老師聽了相當錯愕，沒想到她無心的一句話，小優竟然會這麼徹底地執行。她希望小優能適度練習就好，不要拼命三郎似的練到天荒地老，要怎麼跟她溝通比較好呢？

　　依據小優這種**追求完美，認真實踐**的特質來看，她具有拼命三郎型（ISTJ）的性格傾向，吃苦如吃補。小優在意所有既定的時程，放學之後先處理好生活所需（吃飯、洗澡等瑣事），接下來寫完功課，最後就是練琴時間，假如沒有把事情做完，她很難放鬆，即使身體疲憊也不能通融；至於影響鄰居休息的事，不在她的計畫之中，所以她也不會理會。

　　老師或家長們其實不需逼迫她縮短練習時間，也不需逼迫她調整學科和彈琴的順序，只要提出問題，給她時間思考如何重新編排行事曆，假如她無法自行處理，大人才開始介入。因為有條不紊的的規律作息，才是她常態的生活方式，突來的混亂失序會讓她心煩氣躁。

就事論事

簡潔地
提出重點

【教養&溝通祕訣】

拼命三郎型｜*ISTJ*

　　和這類型的孩子討論事情時，要就事論事，明確合乎邏輯，有憑有據，簡潔地提出重點，若是期待他做回應或決定時，要給他一段安靜的時間來做分析，或重新設定計畫，這對他們而言很重要。

　　此外，家長或老師們也許會發現拼命三郎型的孩子太過理智及自我，很難同理別人的情感需求，因此，平日可以和孩子談談對某個事件的感受，讓孩子透過實際的經驗，來體察喜怒哀樂各種情緒。例如：和好朋友吵架了，有什麼感覺？上台表演前，有什麼感覺？久而久之，拼命三郎型的孩子就能走出自我中心的處境，抓到一些人際互動的脈絡，進而理解他人的想法及感受。

02 生活觀察家型 | *ISTP*

性格傾向　內向、實感、思考、隨性

生活觀察家型（ISTP）的孩子天生安靜，細心務實，處事精確公正，重視理性邏輯，並且待人直率隨和。因為他們喜歡搞清楚事情的來龍去脈，往往對工程領域情有獨鍾。

張老師請同學交出國語作業，只見家豪還在桌上擺弄樂高，完全沒有拿出來的意思，老師問他是不是又沒寫，中午到導師室來寫完。家豪心不甘情不願地答應了。

家豪個性溫和，與人無爭。聽他媽媽說，孩子雖然比較慢才會說話，但是精細動作、手眼協調很好，幼稚園就會把收音機拆開觀察，還曾經把原子筆放進姐姐新買的削鉛筆機削，搞得機器壞掉，讓姐姐大怒。

小學之後，他瘋狂迷上組裝物品，拿起鐵錘、線鋸，看著說明書就開始 DIY；他也很喜歡打電腦，會用簡易的程式計設小遊戲，一玩起來就廢寢忘食，什麼都不顧了。

　　張老師也知道家豪對機械操作很有天分，但他對語文、社會等學科，就不願花費力氣在上面，假如一直勉強他，就會突然情緒爆發。說起來真的很傷腦筋。

　　像家豪這類型的孩子，平時是冷靜的生活觀察者，但碰到有興趣的事情，例如操作實驗、修理組裝等，立刻會變得精力豐沛、勇於冒險。由於他們太想知道機械或物體如何運作，所以會主動在環境中尋找東西，來練習他們的技能，例如玩滅火器、昇降機等等，有時候會被誤認為是製造麻煩的人，這時可以怎麼引導他們呢？

　　首先他們喜歡使用工具，在不熟練的狀態下容易受傷，一定要教他們學會正確操作的方法，並且注意安全。其次，關於那些因為好奇而引發的麻煩事件，假如沒有影響他人或安全問題，不妨就給予較大的彈性空間，藉此讓他們做些對團體有貢獻的事。好比說，看到孩子用放大鏡聚光來燒螞蟻時，不妨提供他各式太陽能板，讓他做個耐熱實驗，通常他們能很快發現問題並加以解決。想要知道某個東西怎麼用、怎麼修，就提供資源讓他們發揮能力，他們會覺得很快樂。此外，這類型孩子，不願意把時間和精力花在沒興趣的事情上。假如是學科方面，也許要讓他們嚐嚐苦頭，例如：沒複習的單元考試不及格，要花更多的時間訂正錯誤等，得到不好的後果之後，可能會思考未來要花幾小時來做不喜歡的功課。當然，最好的方式是將這個科目聯結到他們感興趣的領域，例如他不喜歡地理課，但請他設計城市闖關遊戲，也許就會非常投入。

比較無法
同理別人

重視隱私

【教養 & 溝通祕訣】

生活觀察家型 | *ISTP*

生活觀察家型的孩子十分獨立且重視隱私，所以不太容易與人建立親密關係；而且他們過於專注在自己的邏輯思考當中，相對地就比較無法同理別人，也不瞭解（不關心）自己的反應會對別人造成什麼影響，有時會令人有冷漠無情的感覺，有些孩子心中的座右銘就是：「**別理我。**」

面對這樣的孩子，要引導他們加入一些他們感興趣的小團體，例如科學實驗社、野外採集社等，讓他們先在同溫層中，找到願意親近的老師和朋友，並在團體中帶他們觀察他人的社交方式，從中學習分享。當然，儘可能帶領他們辨識情緒，學習同理，並體驗不同的說話方式，讓他們能在知性的世界裡，沾染一點人情味。

03 關懷照顧型 | *ISFJ*

性格傾向 內向、實感、情感、果斷

　　關懷照顧型（ISFJ）的孩子通常**內向少言、務實細心、犧牲奉獻、體貼他人、害怕衝突、重視和諧**，對團體展現**非常忠誠的態度**，也有**很強烈的責任感**，這是關懷照顧型（ISFJ）孩子的基本特徵。

　　數學考試時間，全班最乖巧的阿玲竟然傳紙條給欣欣，王老師請他們到辦公室談話，欣欣雖然垂頭喪氣，倒還是大方地站了起來，只見阿玲臉色蒼白，嘴哆嗦著，說不出一句話。王老師看著也很心疼，走過去溫和地跟她說：「別緊張，老師只是想問一下而已。」

　　阿玲平日文靜柔順，工作認真，不論是作業或是公務，都做得乾淨俐落，井然有序。此外，她下課經常到處辦事，有時陪同學到合作社買早餐，有時幫幹部到辦公室拿物品，忙得不亦樂乎。老師還發現，她總是細心地照顧教室裡的盆栽，重要節慶也會將座位裝飾一下，送好友一些手作禮物。總之，阿玲是一位不可多得的好學生。

　　那考試作弊又是怎麼一回事？阿玲囁囁地說，欣欣是一起跑步的好朋友，考試之前，她跟阿玲訴苦：「媽媽警告她，假如考不及格就要吃竹筍炒肉絲。」欣欣成績不好，可能無法達到媽媽的要求，所以阿玲決定要幫她一把……。

　　關懷照顧型的孩子阿玲，會為好友付出大量的溫暖和情感，視朋友的需要為優先，忠誠奉獻，犧牲自我，所以有時候會做出讓大人驚愕的錯事。這時師長或家長們，要先收起批評責備的話語，以友善溫和的姿態來面對，敏感的她們才會吐露心聲。通常她們只是共犯，但大人還是必須明確指出，情緒沒有好壞，可以有憤怒、傷心、同情、厭煩等感覺，這些都不問題，但是行為有對錯，不論因為任何情感因素，做出了違規的行為，就必須為此負起責任。

重視承諾

視朋友的需要
為優先

【教養＆溝通祕訣】

關懷照顧型｜*ISFJ*

　　關懷照顧型的孩子，重視承諾、説到做到，所以他們會認為「應該要」為家人或朋友扛起什麼責任，假如沒有做到，內心就會產生罪惡感。例如：答應媽媽要早回家，沒辦法陪好友去逛街時，就會讓她十分失落，可能回家後會非常情緒化。

　　大人們在面對乖巧懂事的孩子突然「歡歡（無理取鬧）」的時候，首先要讓她進入一個全然放鬆的時空，他們需要保持和諧有序，腦袋才能恢復正常運轉。

　　其次，要協助孩子澄清究竟什麼是自己的需求？什麼是別人的需求？假如和朋友的事情重疊時，盡可能要將自己的部份放在優先順位，特別是逐漸成為青少年的孩子，更要引導他判斷孰重孰輕。

記得常常
擁抱孩子

　　可以試著和他們分享一些工作或生活上真實的人、事、物，最好提供細節或精確的資料，他們比較能夠聽清楚講明白，並且直接從中獲益。

　　關懷照顧型的孩子雖然會默默付出，但內心也希望家人朋友能重視他，並感激他。

　　假如他所重視的人沒有給予適當的回饋，他可能就會覺得自己是沒價值的人。因此，在與這類孩子相處時，友善的、體貼的、支持的、具體的話語，以及愛的肢體接觸，都要常常履行，避免只說一些廣泛的概念或理論，給予正向的回饋，會使他們和您更加親近。

04 藝術家型 | *ISFP*

內向、實感、情感、隨性

　　藝術家型（ISFP）的孩子通常**沈靜謙遜、務實細心、體貼隨和**，**具藝術天份，他們總是按照自己的節奏在生活，看起來寧靜而放鬆。**

　　阿坤平日乖巧貼心，柔順隨和，他很有音樂細胞，聽過的歌曲就能彈出旋律，雖然沒有正式學過什麼樂理，但一有靈感就會試著寫譜作曲，好友還曾獲得他親手製作的「不停唱歌生日卡」，令人充滿驚喜。他也很會畫圖，花鳥蟲獸，無一不精，所以同學常會請他畫海報做布置，他總是盡力幫忙，常常忙得天昏地暗，有時還來不及寫功課。

這天，同學阿玲想要組團參加才藝競賽，想到阿坤會彈琴作曲，就邀他加入團練。大家商量若要出奇制勝，一定要請阿坤編一首歡樂舞曲，讓主唱阿玲邊跳邊唱帶動氣氛。沒想到阿坤寫了又改，改了又寫，三天過了都沒有下文。眼看比賽就快到了，大家都無法練習怎麼辦？阿玲著急起來大聲質問他到底好了沒，只見阿坤低下頭，一會兒就紅了眼眶，大家都看傻了眼，趕緊請老師過來處理。老師請阿坤到走廊一角，等他情緒平復之後再說話，過了五分鐘，阿坤才小聲地說，他想要創作一首最好的作品，但這兩天都沒有靈感，無法表達他想要的特色，看到同學失望焦急的樣子，他真的好難過，也不知道怎麼辦才好？

　　阿坤有藝術天份，特別能感知作品中深刻幽微的心靈世界，且情感豐沛細膩，故能敏察別人的需求及內在的聲音。

　　這類型的孩子雖然**率性而為，但卻對自己有極高的期待，會堅持某些重要的價值觀點，絕不輕易改變妥協**。可是他們又想要討人歡心，以致於遇事猶豫不決，沒有自信。當別人質問他或表達不滿時，就會承受內外交迫的衝擊，因而引發激烈的情緒。

　　這時，父母師長要能理解並接納他們，溫和而堅定地幫助他們走出情緒低谷，最後引導他們說出內心糾結的想法，找出雙方和解的方法及共識。假如處理過程不夠細膩，說話過於尖銳，或打擊到他們的情感，孩子就很容易逃避學習，甚或乾脆請假不去上學。

　　簡單來說，藝術家（ISFP）型的孩子看似平和柔順，但卻充滿矛盾，他們既謙遜又憨睏，既靈活又固執，父母師長要有愛心、耐心和細心，才能成為孩子生涯發展的貴人。

具藝術天份

按照自己的節奏
在生活

【教養 & 溝通祕訣】

藝術家型 | ISFP

學習求助也是藝術家型（ISFP）的孩子必須學習的課題。他們極度敏感，在陌生人面前常會扭捏畏縮，或因害羞而無法表達自己，導致他們遇到困難時，不敢說出來。

這類型的孩子敏感體貼，會遷就外在環境而靈活變通，常為訴求和諧而避免衝突，對於別人的請託（特別是父母師長或知心好友）比較不會拒絕，他們經常會被勉強做一些自己不太願意做的事。例如，明明不想參加什麼比賽，卻被說服去參加，弄到最後，也許都在執行別人的期待，自己想要的反而不會說出來。

面對這樣的孩子，要無條件地接納，讓他們踏出勇敢的第一步，然後再慢慢等待孩子的回應或決定，給他們安靜的時間

愛心及
耐心灌注

思考，不要馬上逼他們回答。這些孩子就像嬌豔的玫瑰，需要大量的愛心及耐心灌注，才能在他們認為安全的環境下大展所長。

此外，父母或師長常會覺得藝術家型（ISFP）的孩子時間觀念太差，做事拖拖拉拉，但他們並不是真的懶散，事實上，不論上課發呆或躺在床上，他們都是用自己的方法和步調在做事，只是外人看不出來罷了。如果將事情搞砸或未如預期，他們也會傷心難過且沒自信。

因此，家長要為孩子設下範例，一步一步地學習如何計畫、決定並完成，透過學習整個流程，鼓勵他們做完一件事，再做下一件事，並在他們成功後，提供實質的獎勵。

05 智多星型 | *INTJ*

性格傾向 內向、直覺、思考、果斷

　　智多星型（INTJ）的孩子通常都**相當聰慧，足智多謀，極富創意與想像力，很容易就想出好點子。他們有能力掌控全局，評估執行的狀況，並且有自信為自己的行動負責。**

　　陳老師班上的小智就是屬於這類型的孩子。小智是小學五年級的學生，他的天賦呈現在語文及科學的學習上。英文老師曾經提到，小智能背出很罕見的海洋生物單字，問他怎麼學會的，他回答在童書中看到就背起來了。此外，他還會歸納英文發音的規則，在月考前協助同學複習，偶爾還會做出有趣的英文繞口令和富有哲理意味的童詩。

　　他最有興趣的領域是生物，除了飽讀相關圖鑑之外，還擅於觀察實作，窗邊飛過一隻蝴蝶，他定睛一看，就能辨識出它的學名，博學強記令人嘆為觀止。

　　然而，陳老師的困擾是，小智課餘時間只會衝去圖書館看書，不太顧及同學或班上的事務。其次，他上課時常發呆，筆記作業常未完成，只有在自己喜歡或感興趣的課題上，會主動蒐集資料，並且做出令人驚豔的專業報告。

　　陳老師屢次告誡小智要認真一點，課業學習不可偏食，也要協助同學打掃，參與班上共同的活動，小智雖然嘴裡沒有反駁，卻在作文裡提出長篇大論，要求老師給予更多自主學習的空間。

相信很多師長們在面對小智這樣的孩子時，都會覺得既欣賞又氣怒。智多星型的孩子被公認是所有類型當中最特立獨行的。他們知道自己具有什麼樣的聰明才智，而且認為只有在自由獨處時，才能發揮最佳能量，身為父母及師長的我們，絕對不能忽略智多星型孩子們最大的需求。

他們通常需要大量的時間，進行豐富的想像及新奇的創造，師長們必須有耐心地等待，讓他們準備好，再進行交流討論；當然也要提供獨立的空間，尊重他們獨處的需要。過多的教導或建議對他們而言，也許會干擾創造能力，所以當大人觀察到孩子還在操作或閱讀什麼東西時，要耐心等候。

其次，**智多星型（INTJ）的孩子不墨守成規，能觸類旁通，喜歡思考又善於組織，通常對複雜的思想和理論充滿熱情**，因此在數理方面經常有優秀的表現。家長或老師們可以從他們的強項來因勢利導，提供多樣化的資源，讓他們學到更多的課題。至於背誦的學科則利用競賽或深度討論的方式，提供大量的智力刺激，進而學到基本原理並達到預期成果。

不畏權威

足智多謀
點子王

【教養 & 溝通祕訣】

智多星型 | INTJ

智多星型（INTJ）的孩子比較自我中心，非常固執，常不願傾聽或不關心他人的想法，因此要協助他們能學著更柔軟有彈性，或改變他們的想法。這個過程可能要花點時間，討論明確且可取代的方案，並記得千萬不要以責備的姿態或在情緒激動時跟他溝通，否則不會收到任何的效果。因為他們很重視專業理論，不畏權威，以權勢來壓迫他，只會事倍功半。

與他們溝通時，先整理好自己的情緒，表達要理性、坦白、誠實、直接，展現師長們的知識與自信，假如能獲得他們的認同，就能自動自發，努力工作，如此一來，智多星型（INTJ）就會像神奇寶貝一樣被我們收服了。

06 好奇分析型 | *INTP*

> **性格傾向** 內向、直覺、思考、隨性

　　好奇分析型（INTP）的孩子**有偏好分析的特質**，他們喜歡單獨工作，**能夠掌握全局**，善於邏輯思考，雖然不是很善於交際，但是聰明伶俐，言語犀利，能隨機應變，所以在同儕中也具有一定的影響力。

　　小禹一下課就往外衝，別懷疑，他要利用十分鐘到圖書館看書；在安親班等媽媽來接時，他順手拿起後方書架的植物圖鑑，一本一本地翻完；最令人吃驚的是，喜宴上看到一個孩子拿著雜誌在研究，不用猜，那一定是小禹。

　　他最喜歡讀高中的表哥了，因為表哥總會考他一些有趣的問題，「雲為什麼會是這個形狀？」、「為什麼草的旁邊會有這種花朵？」、「葉子跟花朵的顏色為什麼差這麼多？」小禹有時很快就能回答，有時還要翻找小牛頓，只見他眼睛發亮，興奮地彷彿看到書中的寶。

　　考試之前，美美請教他有關串聯與並聯的運作，小禹從實驗過程開始講解，提綱挈領，清楚明白，其他同學聽了都不禁圍在他身邊，請他講解水中生物等其他問題。

小禹十分擅長科學實驗，但是同學找他一起做科展時，一開始就因為主題發想而意見不合，後來小禹獨立參賽，做了幾天之後卻沒有下文，最後還錯過了繳件時間。老師既焦急又氣憤地質問他，得到的回應是，沒有結果也是一種結果。因為他想開發的「磁流體」玩具，不但材料取得困難，實驗過程也不容易。老師怎麼也說不過他，但無論如何還是要他寫檢討報告。

小禹是個好奇的分析者，他們對任何事情都充滿好奇心，求知慾強，凡事抱持懷疑的態度去分析，並能提出自己的見解。這類型的孩子**比較會想聽新的想法和對事情含意的分析；喜歡討論抽象性的主題，沒耐心聽別人述說細節**，因此和他說話時要簡潔有力，直接講重點、陳述整體的想法，然後給他們時間去分析和重整資料，釐清要如何做才能完成的目標。

他們喜歡新奇和變化，隨時可以改變方向，找出快速有效的做事方法，適應力強，但是比較會抗拒規則和管控，相當獨立與自主，所以比較無法和人合作。

對他們最好的支持，就是允許他們能獨立工作。不過，這類型的孩子有時候會在思考中迷失，經常虎頭蛇尾，三分鐘熱度，無法將想法付諸實行。鼓勵他們將想法記錄下來，因為思考流程也是非常重要的一環。

有時候他們會覺得報告不夠完整或不夠完美就拖延不交，師長們可以適時地要求，先把基本的東西做好，未來假如遇有增減，可以補充當作加分項目。

好奇分析型（INTP）的孩子通常跟大人相處比跟小孩來得好，因為他們常會用很多異於常人的觀點來表達想法，對於自己的觀點會據理力爭，因此，他們喜歡認真聆聽他們想法的大人，經常會提問一些需要思考的問題，並表現出一本正經的幽默感。

求知慾強

喜歡新奇
和變化

【教養 & 溝通祕訣】

好奇分析型 | *INTP*

　　他們是最不容易稱讚的一群孩子，總是用懷疑的眼光看待大人們的稱讚，並且只接受在特定範圍的表揚，所以要非常具體地讚賞他的觀點及邏輯，而不能天馬行空地說「你做得這麼好，真的是超人」，並教導他們學習察言觀色，同理別人的感受。

　　好奇分析型（INTP）的孩子很容易沈浸在自己的思考當中，好像沒在聽人說話，或是不會看人臉色。因此，訓練他們聆聽和回應的方式，並教導他們學習察言觀色，同理別人的感受。

　　有時候，這些孩子會使用知識來嘲諷他人，例如：「你連這個也不懂，真的很不專業。」這個行為會惹火同儕和長輩。家長或老師要適時地介入，告訴他們這樣做很傷人，引導他們從同理心的角度，來考量別人的行為，避免過於批判他們。

07 知心好友型 | *INFJ*

性格傾向 內向、直覺、情感、果斷

　　知心好友型（INFJ）的孩子**安靜敏銳、正直認真，富創造力、關心朋友且行事果斷，沒有人比他們更重視生活和家人朋友**，因此往往被視為保護者或知心好友。

　　伊甜最近忙著繪製卡片、包裝禮物，因為好友生日快到了，她想給她一個驚喜。

　　禮物是時下小朋友最喜歡的角落小伙伴娃娃，也是好友的最愛，而卡片就很特別了，畫的是一幀全家福照片，裡面有阿公、爸爸媽媽、姐姐和弟弟，媽媽手上還抱著一個小嬰兒。

　　伊甜說，好友的媽媽最近生了弟弟，住在月子中心，爸爸因為工作的關係，無法照顧家中的老人小孩，所以這個月她和妹妹被迫去住姑姑家，阿公暫時寄宿朋友家，全家人分散四處，已經一個月沒見面了，平日都是靠視訊和電話在聯繫，今天好不容易終於全家團圓了，好友很興奮地跟她分享了這個好消息，所以她畫了圖祝福她們一家和樂。

相信任何朋友收到這個別緻的生日卡片，一定會感動得眼眶泛淚。知心好友型的孩子很願意花時間觀察和瞭解朋友，能敏銳地覺察別人的感受和動機，感同身受、易地而處。他們富同情心又肯遷就別人，會利用和諧又有創意的方法，努力迎合每個朋友的重要需求。

這類型的孩子**不會呼朋引伴，所以朋友可能不多，但都是真正感情深厚、真正交心的伙伴，他們對於親密的對話很感興趣，追求的是情感和思想的自由交流。**

然而，因為知心好友型的孩子認為要維繫情感和諧的方法，就是要遷就別人而自我犧牲，久而久之可能會因付出太多，而心力耗竭產生怨懟，這時家長也要適時開導。

重視生活和
家人朋友

懂得
感同身受

【教養＆溝通祕訣】

知心好友型 ｜ *INFJ*

　　知心好友型（INFJ）的孩子在團體中經常是沈默寡言的形象，他們只跟信任的人分享自己的想法和理想，因此和他們接觸時，要先建立良好的關係，可以先鼓勵他們以書寫、繪畫的媒材，表達自己的所思所想，假如他們願意交談，大人們務必要用心傾聽，理解他們的價值觀和人生觀，最後用正直、誠實、肯定、賞識、支持的態度與他們溝通，千萬不要過度批評或論斷，否則會將敏感獨特的他嚇跑。其次，知心好友型孩子比較不重視細節，規劃事物時會大而化之，不切實際，因此在現實生活中常會出錯、失誤，事發後，很容易龜縮進自己的硬殼，自怨自艾。此時，要引導他們釐清事實的真相與他們所規劃的圖像有多少距離，並陪伴他們離開負向情緒，討論其他多元的可能性。

　　這類型孩子有豐富的創思能力，往往能想出很不尋常、有趣好玩的點子，對於深奧的精神文化，也能透視體察，假如沒有陷入沈重的情緒低潮，應該有能力用開闊的觀點，來看待自己的失敗，因此，家長老師們應多給予信任及陪伴，讓他們能在獨處中沈澱思考，相信很快就能神奇地恢復最佳狀態。

08 夢想家型 │ *INFP*

內向、直覺、情感、隨性

　　夢想家型（INFP）的孩子**敏感好奇，喜歡閱讀，他們能掌握大局，相信自己的價值，忠誠於家人和朋友，**按照他們的意志，並根據他們自己的價值觀來生活。

　　每次看到庭庭，總是安靜地在座位上讀書、畫圖，問她為何不去跟同學玩，她會細聲地說：「有啊。」用手指了指旁邊的小靜，也是一個幾乎沒有聲音的學生。

　　庭庭並非沒有想法，她喜歡動物和奇幻故事，也常寫作及創作繪本。以她之前投稿的〈拉米的漫遊〉為例，當主角拉米幻化為一隻獨角獸時，現實環境也異化成天外行星，長桌變成大河，兩個櫃子之間幻化成峽谷，兩旁陡峭成為高峰；拉米身在其中載

沉載浮，遭遇了千奇百怪的生物，也創造許多超乎想像的交流。

庭庭媽媽說，這個故事是她和表姐扮家家酒的劇情主軸，兩姐妹在一起就嘰嘰喳喳，說一些她們之間的密語，經常用積木組一些奇特的東西，也會配合她們的故事情節，移動傢俱擺飾，經常弄得家裡亂七八糟，又懶得收拾。

老師覺得庭庭的故事寫得很好，但是拖了太久，圖稿草草了事，沒有完成就交出去，真是太可惜了。雖然沒有獲獎，老師仍然送給她一本《你很獨特》的繪本當禮物，儘管她在現實生活中沒有很強的存在感，但是在幻想世界卻是獨一無二的。

夢想家型（INFP）的孩子經常會在課堂裡發呆，除非會嚴重影響學習，否則不用管他。因為**發呆是他們思考發展的重要環節**，在我們看起來好像在作夢時，他們**通常在想一些獨特的點子、創意的想像**。

其次，夢想型的孩子在描述事件時，常會**天馬行空、跳躍思考**，有時真會聽不懂他們究竟在講什麼。師長們要和他們溝通時，務必要耐心地抽絲剝繭，詢問事件的來龍去脈，請他們重述一遍，並檢視是否有遺漏重要的環節。此外，他們能敏銳地覺察別人的情緒與感受，而且很在意別人的看法，他們喜歡合作和和諧，缺乏和諧的環境對他們是極大的壓力，因此競爭性的遊戲他們不太喜歡。可是另一方面，他們又不喜歡別人告訴他要做什麼，不要做什麼，如果他們的言語或行為沒有被接受，甚至被批評時，他們會自責而悶悶不樂。

若是發現這個狀況時，可以告訴他們：「你是個很有想法的孩子，我很欣賞你的什麼地方。」然後用心傾聽他們內在的想法，理解他們的價值和貢獻，並以支持的態度與他們溝通，不要過度的批評或論斷。

天馬行空

【教養 & 溝通祕訣】

夢想家型 | *INFP*

　　夢想型（INFP）的孩子開始計畫的時侯，都是以完美為目標，但過了幾星期之後，當他們發現自己做的與理想目標差距太遠時，就會對自己非常失望。這時還是要先尊重他們，依照既定的步調安排自己的時間與空間，然後專注地傾聽他們的創意及夢想，給予重點式的教導，並提醒他們一些遺漏的細節，以及在現實面的可行性。最重要的當然是允許他們能夠自由地設定目標、完成工作，讚賞他們不為人知的努力。

　　他們很喜歡探索文學故事背後的寓意，也經常會創作一些神祕莫測、不切實際的東西。這些孩子渴望獲得讚賞，希望師長們看到最棒的一面，所以在大庭廣眾之下發表他們的創作，會使孩子心花怒放。他們喜歡可以發揮想力的課，例如作文、繪畫等不會太過嚴格的課程，而一定要遵守紀律的課程，會令他們感到痛苦。如果可以的話，盡量配合他們的步調，給他們一點時間做準備，避免去控制或用權力壓過他們，或者期待他們嚴守規定。

09 掌控細節型 | *ESTJ*

性格傾向 外向、實感、思考、果斷

掌控細節型（ESTJ）的孩子**善於交友，務實細心、能力優異，邏輯清楚，執行力強**，並且具有很強的自尊心，是天生的領導者，在學校裡常會成為班級幹部，或是師長們的小幫手。

珊珊從國小一年級到六年級都當班長，成績好，人緣佳，在競選校模範生的時候，所有過去跟她同班的同學都幫她拉票，最後以壓倒性的最高票數當選校模範生。這次她和其他三位同學代表學校參加科展。她們的主題是有關太陽能板的功率問題，起初每位同學都會提出自己的意見，逐漸地珊珊成了意見領袖，所有人都得聽她的，她規定大家每天放學後要留校到七點，有人要上才藝班

139

也不行，非得請假不可。而實驗材料和操作步驟，誰負主責，誰當助手，更是由珊珊一手分配，她預期達到全國第一的目標，所以每個細節都不能放過。珊珊搞得大家都很忙，而她自己也沒有閒著，她又做觀察又寫報告，還要跟指導老師討論溝通，別人看她忙碌至極，她卻開心不已。

全國比賽前一個星期，珊珊拿出了一份計畫表，她鼓勵大家停止所有的休閒活動，全心投入各式各樣的演練，務必達到過去全國冠軍的水準……，「每天能練到九點應該就可以了。」當珊珊認真地擘畫這個願景時，其他成員臉色鐵青地看著她……。

老師常說，珊珊管起同學有模有樣，比老師還嚴格，這就是掌控細節型孩子。通常他們做事**積極**，**講究紀律**，**追求效率**，**實事求是**，因此**常常成為團體中的領導人物**。

然而，正因為他們有很強的掌控欲和決策力，常會從自己單一的角度來思考，而未能掌握全面狀況或忽略他人的意見。他們講話過於直白，沒有顧及（或不重視）他人情感，而且個性急躁、脾氣不好、強勢的作風，非常容易與人發生爭執。

老師們必須正視這類型孩子過於積極的性格，讓他們旺盛的企圖心有個出口。假若可以，就帶領他們參加運動團體及競爭型的比賽，如足球隊、籃球隊等，既可發洩無窮的精力，又可提供表現的舞台。

其次，師長們盡可能隨時觀察孩子在團體中的表現，假如他們對同儕表現出過度干涉或企圖操控的態度，就該適時地出面制止，可以用角色扮演的方式，引導孩子察覺自己的說話方式及行為態度，透過實際的練習，學習體察情緒並同理他人。

需要
標準程序

實事求是

【教養＆溝通祕訣】

掌控細節型｜*ESTJ*

　　掌控細節型（ESTJ）的孩子，比較需要標準的程序和明確的界限，而且容易堅持己見，難以接受突然的改變。

　　家長和老師們在和他們溝通時，要詳細地指出評判標準、期待目標和操作步驟，告訴他們只要做到怎樣就可以，不要對他們說一些抽象隱晦的語句，更不要以強迫的方式，直接將新的框架置放在他們身上。否則他們無法理解大人們的想法，就會自己預設一個「最好」的目標，並按著自己的方式去完成。如此一來，對於孩子的社會化歷程，並沒有長足的幫助。

⑩ 開心果型｜ *ESTP*

性格傾向 外向、實感、思考、隨性

開心果型（ESTP）的孩子通常很**樂觀熱情、平易近人，喜歡享受物質生活與自然環境中的種種樂趣**，他們能將無聊的例行公事變得刺激，把瑣碎的工作變成百玩不厭的遊戲，喜歡出於即興創新又不按牌理出牌的刺激感。

小杰是李老師班上的開心果，常會詼諧地應和老師，讓平淡無奇的課堂妙趣橫生。例如，老師在教《湖濱散記》時，小杰突然站起來搖頭晃腦地說：「在湖邊烤魷魚，味道香噴噴，大家好高興，小杰的湖濱徘句。」全班看他學櫻桃小丸子的爺爺，在做些無厘頭的詩歌，都快笑翻了。

有時候，小杰也會自以為幽默，亂開同學的玩笑，說人家頭髮像鳥巢，長得像小白豬等等，李老師聽到這些嘲笑和冒犯時，都會立刻制止，並協助他瞭解別人可能受到的傷害，但他還是管不住嘴巴，樂此不疲。

這天小杰生日，朋友相約放學後要好好慶祝一下，大家拿起刮鬍泡互相塗抹，弄得全身白茫一片，小杰看到更嗨了，拿汽球裝水丟人，大家在教室你追我跑，鬧得不可開交，突然砰地一大聲，接著一陣哀號，原來是小杰滑倒撞到右手，痛不欲生，同學趕快通報老師將他送醫，小杰哭得一把鼻涕一把眼淚，臨走前還不忘用左手把桌上的蛋糕砸在地上洩憤……。

開心果型（ESTP）的孩子**精力充沛，多才多藝**，他們會創造教室裡的笑聲及歡呼，浮誇的舉動通常很受歡迎，但有時真的太過好動，控制不了自己的行為。

他們喜歡在課堂上爭取老師的注意，常會舉手發言，有時會故意炫技，行為可能嚴重地干擾課堂，而且他們比較隨性，常會忽視規則，先做再說，有時候看起來非常叛逆，藐視權威。師長們要處理這些狀況時，可以先正向稱讚他，滿足他想要獲得關注的欲望，或是在課程中放入一點小競賽。

而比起個人活動，他們更喜歡團隊競賽，因此同儕關係也是牽制他們行為的重要力量。老師可以舉辦拼字遊戲、闖關比賽，激勵他們熱愛挑戰與冒險的特質，將學生拉回學習的主軸。

樂觀熱情

團體裡的
開心果

【教養 & 溝通祕訣】

開心果型 | *ESTP*

開心果型（ESTP）的孩子，有時可能會對老師或家長直接批判質問，說一些不太禮貌的話，此時，要先瞭解，他們只是要藉由這種方式獲得刺激，而不要把他喜歡提出問題和評論他人的說話方式，當成是對師長的挑戰，不要憤怒也不要嘲諷他們，可以溫和而堅定地和他們溝通，用字要簡潔、明確且具體，不要模擬兩可，讓他們學到理性溝通的正確典範。

此外，他們喜歡和朋友一起遊戲玩鬧，繼而互開玩笑、取笑他人。有時玩笑越來越過分，甚至開始針對某些對象，有可能變成霸凌事件。這時師長應該立即制止，讓他們知道這已經越界了，然後再跟孩子討論什麼是好玩的笑話，什麼是傷人的壞話，澄清「開玩笑」與「取笑、恥笑、嘲笑」有什麼分別。能夠學會兩者的分別，才不會造成同學之間的衝突。

11 熱心奉獻型 | *ESFJ*

性格傾向 **外向、實感、情感、果斷**

熱心奉獻型（ESFJ）的孩子**活潑外向，務實細心**，具有**善良甜美的天性，端莊有禮，喜好交友**，因此在團體中很受歡迎；此外，他們**擅長計畫，敏於執行，有條有理**，是真實可靠的人，再加上**非常關心身邊的人，總是把最好的獻給別人**，尤其是對朋友和家人非常慷慨，以他人之樂而樂，所以經常被選為服務楷模，或是家裡的小管家，體貼地照顧全家每一個人。

韋韋敬愛師長，遵守校規，很喜歡照顧別人，一到學校總是笑容滿面地和師長同學噓寒問暖，看見拄著枴杖的小金來了，她會立刻幫忙接過書包，調整座位，中午用餐、拿菜時，也是她主動協助，讓小金的爸媽感動萬分。

最近大家都發現，韋韋的右腕上多了一條繽紛的繩結手環，一問之下，才知道是好友送她的生日禮物，她興奮地說，幾個姐妹淘都有，款式一樣顏色不同，串飾裡的圖案還有代表友情無限的符號，同學一看就知道她們是一掛的，超有意義。因為太愛朋友，有幾次在課堂上，不自覺就跟好友聊了起來，老師履勸不聽，只好將這件事寫在聯絡簿上。媽媽看了之後，覺得韋韋被伙伴帶壞了，韋韋嘴巴嘟噥，心裡覺得媽媽真的太不講理了……。

基本上，熱心奉獻型（ESFJ）的孩子重視傳統倫理，熱衷節慶活動，然而，這些孩子**過於熱心，一直幫忙別人做事**，享受團體活動，以致無法安靜下來獨自工作。

師長們該如何引導他們呢？首先當然不要限制他們參與活動，反而要善用他們擅於社交、熱心助人的優勢，提供發揮專長的舞台；其次，清楚而具體地指示，讓他們瞭解課堂上的明確規範。最後，儘可能給予正向的鼓勵與反饋，並在適當的時機，讓孩子分享他們參與活動的心得。等他們學到這一套模式之後，就會堅守這樣的準則。

關於學業的部份，熱心奉獻型（ESFJ）的孩子也常因為參與太多的課外活動而荒廢學業。老師們一定要關注他們的學習成果，因為他們有責任感，喜歡具體成效，如果沒人關心，他們就會覺得收不到回饋，對課業學習沒有興趣。

另外，要跟他討論學業和社團的問題，利用他喜歡關注別人的特質，告訴他假如做太多事情，別人就沒有機會從中學習，也因而無法獲得像你一樣的收穫，所以為了大家的權益，只要做哪些部分就好。

重視同儕
不擅拒絕

熱心助人

【教養 & 溝通祕訣】

熱心奉獻型｜ *ESFJ*

　　同儕關係對他們而言非常重要，有時會忽略朋友不對的地方。例如：好友在課堂上說話吵鬧，他們會為了朋友而跟著起鬨。如果老師在朋友面前處罰他，會使問題更加嚴重。假如老師處罰好友，他們也會為朋友的權益而反抗老師。

　　所以師長們最好在下課後，請他們單獨過來談話，因為很努力地想和別人建立良好關係，因此對別人的批評或漠視相當敏感，所以和他們溝通時，要先建立良好的關係，跟他們討論事情時，要以鼓勵和正向的態度表達。遇到比較複雜的事情，要用具體和實際的案例，不要用抽象、隱喻的語言和他們討論。

　　最重要的是，熱心奉獻型（ESFJ）的孩子必須學習適度地拒絕別人的請求，以便能有更多的時間做好自己的事。

12 自我表現型 ｜ *ESFP*

性格傾向　外向、實感、情感、隨性

　　自我表現型（ESFP）的孩子每天都興高采烈，**總是能在生活中找到歡樂的泉源**，他們**喜歡和人接觸**，通常也都很受人歡迎。此外，他們**對細節有很強的記憶力**，對事物也有良好的觀察力，因此能敏銳地感知到周遭事物的變化及他人的行為和情緒。

　　運動會當天，莉莉參加了五項表演及競賽。首先登場的是女子藝術體操表演，只見莉莉身穿紫紅的連身羽衣，伴隨音樂跳步、轉體，像隻花蝴蝶般翩翩起舞，呈現力與美的完美融合，獲得了滿場的掌聲。

　　接下來，她立刻套上蘇格蘭裙，帶領鼓笛隊進場，結束之後，緊接著一百公尺決賽要開始檢錄了，跑完之後，還有班級大隊接力和女子四百公尺接力……只見媽媽帶著一堆衣服，爸爸扛著攝影機，跟著她在司令台、大操場、表演台……幾個地方跑來跑去，其他家長讚嘆莉莉多才多藝，體力過人，媽媽聽了真是驚喜交加。

　　媽媽回憶莉莉剛進小學時，老師說她活潑外向，溫暖體貼，喜歡跟人談天說地，妙語如珠，也會呼朋引伴，組隊玩耍。但是她在教室裡坐不住，寫功課也不耐煩，老師講述課程時，總是跟同學你一言我一語，或和隔壁鄰居玩東玩西。老師告誡多次，她

仍無法改善。

　　媽媽覺得莉莉並非不守規矩，她其實非常溫順平和，只是精力旺盛，太愛講話，並不是故意叛逆，相反的，她只是想要取悅別人，獲得關注而已。所以媽媽決定讓她參加許多課外活動，包括體操、田徑、鼓隊等，提供她表演舞台，莉莉果然十分開心，非常喜歡社團活動，也交了很多朋友，現在每天都很快樂地上學去⋯⋯。

莉莉具有自我表現型（ESFP）的特質。他們通常喜歡社交生活和體驗事物。對於動態的科目，例如音樂、美術、體育、實驗等等，非常熱衷，但是靜態的課堂學習，太過理論的課程（抽象），就不是他們的強項。

假如這些孩子想動的熱情一直被壓抑，被要求乖乖坐著聽講，會讓他們不喜歡上學，將來可能會有問題行為。因此若孩子很難坐得住，可以嘗試讓他們在上課前，有幾分鐘的表演時間，隨他們做什麼都可以，也可以邀請朋友一起上台展示一些技能，讓孩子維持良好的動機與注意力。

其次，孩子不太適應理論課程，老師可以利用各種具體的例子來做說明，甚至創造一些有趣的團體活動，鼓勵孩子和其他伙伴一起完成。而在任務進行之前，師長必須將規則及獎勵詳細說明，讓孩子按圖索驥，最好能提供示範，讓他們有例可循。

例如，數學課，他們喜歡操弄計算機、三角板、圓規等工具，就讓他們上台演練；英文課喜歡演戲，就提供他們一個編劇展演的空間；科學課喜歡做實驗，一定要準備實驗器材及操作流程，讓他們能將理論化為實際。

總而言之，自我表現型（ESFP）的孩子需要感官刺激和人際互動，假如能允許他們團體行動，共享舞台的聚光燈，學校就會變成最受歡迎的場所。

喜歡社交和
體驗事物

喜歡和人接觸

【教養 & 溝通祕訣】

自我表現型 | *ESFP*

自我表現型（ESFP）的孩子通常很受歡迎，可以鼓勵他們和朋友一起參加各項競賽、才藝表演等，他們會很享受登上舞台、眾所矚目的感覺。此外，閒暇之餘加入公益團體，擔任志工，參與戶外活動，東奔西跑，也很適合這類精力充沛的孩子。

自我表現型（ESFP）的孩子有時想取悅別人，也容易受到同儕的影響，他們常會和朋友一起趕流行，穿一樣的服飾，做一樣的打扮，同進同出，不受規範，有時會和朋友一起違反校規，成為共犯。所以，協助他們分辨益友、損友是很重要的事，鼓勵他們和好的朋友在一起，協助他們適時地和行為不適切的朋友分離，也是非常重要的課題。

⑬ 天生領導型｜*ENTJ*

性格傾向　外向、直覺、思考、果斷

天生領導型（ENTJ）的孩子擁有**外向活潑、創新思考和堅定果斷的特質，很容易在團體中成為領導型的人物。他們是天生的領導者及行動派**，能迅速在腦中形成理論和概念，把可能性變成計畫，去實現短期和長期的目標。

芊芊從小喜歡講話，在幼稚園時就會在下課時間講故事給其他小朋友聽，有時會自編情節，說唱俱佳，深受同伴的歡迎。進入小學之後，芊芊就以一幅「水族館裡的小丑魚」豔驚四座，獲得全國美術競賽的殊榮，媽媽當然要讓她學畫，準備未來報考美術班。

芊芊音感超棒，又被選為英文歌唱的指揮，除了早上及中午要練習之外，放學還要帶領同學討論服裝和道具，因為她搭配得新奇怪異，大家超愛的；而語文競賽到了，演講朗讀當然不能缺席，她的音量活潑有力，

表情生動有趣，師生一致推選她報名參加。媽媽開始煩惱了，一個小孩子參加這麼多活動，會不會太累啊？光是跑來跑去就要花很多時間了吧？芊芊想了想，說其實也還好，美術班是在假日，英文歌唱比賽快到了，結束之後就可以利用中午的時間練習演講朗讀，現在只要晚上稍微晚睡，背背講稿就好了。媽媽看她那麼有想法有主見，而且已經規劃好，就放下心了。

　　天生領導型（ENTJ）的孩子獨立自主、積極進取，有強烈的求知慾，喜歡複雜的問題，擅長運用「直覺」去構思可能性和創造新的見解，做為決定和計畫的依據。

　　這類型的孩子絕對有能力和大人進行深度對話，他們往往能夠從日常生活中的事件，看到廣闊深刻的意涵，喜歡挑戰既定的思惟模式，進行刺激的批判思考。所以大人們在和他們溝通時，首先要積極聆聽他們的想法，不論孩子提出什麼觀點，先予以尊重、理解，並以同理心相待。其次，在回應時，要使用明確的、邏輯性的、分析的……等相關字句，如果可以的話，展現您的專業與博學，以合宜的語辭，闡述理論背後的想法，然後讓他們自己思索研判，並且勾畫出結論。這樣一來，孩子會對長輩充滿期待，更願意與您接觸。

　　另外，這類型的孩子雖然精力充沛，努力工作，但自行安排的行程卻經常過於緊湊，以致很難過正常的童年生活。他們有時候也會覺得自己太過忙碌，但卻難以彈性地改變計畫。家長和他們一起擬定改善現狀的作法時，不妨天馬行空地提出一些空白時間，例如：讓他們把吃點心時間、看卡通時間也納入生活規律之中，在完成一個學習課程後，安排一點慢活時段，讓他們適時放鬆，以待重新出發。

堅定果斷

團體中的
領導人物

【教養 & 溝通祕訣】

天生領導型 │ *ENTJ*

　　天生領導型（ENTJ）的孩子，為了學習與工作高度的付出，有時不免會預期自己有「超人」的表現，假如成績不錯，當然就很有自信，但要是不如預期，就會產生自我懷疑。由於這些孩子過於理性果斷，他們擅於解決具體的問題，但在面對挫折、失落這些情緒時，往往會不知所措。

　　情感教育對他們非常重要，這些孩子需要培養同理心，學習覺察別人的感受，避免說話過於尖銳，傷人情感。老師與家長們必須放下刻板印象及現實的框架，陪伴他們一起檢視「超人」的迷思，協助他們自我探索，惟有接納自己的盲點和限制，才可能真正享受到生活的樂趣，並且在不同的學習當中，獲得最佳利益。

⑭ 創新分析型 ｜ *ENTP*

性格傾向 　**外向、直覺、思考、隨性**

　　創新分析型（ENTP）的孩子**活潑、好奇、勇敢、熱情、機智、聰明、應變能力強，但也善變**。他們喜歡分析各方面的問題，是深刻的思想家，富有創意，也都相當健談。

　　融融喜歡動態而具挑戰性的課程，例如上英語課時，他最愛戲劇表演、新聞播報、卡通配音、即時翻譯，假如課程節奏比較平淡且緩慢，他就顯得很沒力。

日前他和朋友組隊參加小記者營，必須在街頭採訪外國友人，調查他們喜歡的美食類型，只見融融神采飛揚，興致勃勃，用半生不熟的英語和陌生人比手畫腳，竟也完成了一個多小時的錄音檔，並結交了不少志同道合的朋友，其中一位還是知名的股市分析師，融融興奮地和他分享之前看過的《雪球：巴菲特傳》，而且還分享了投資理財的事情，連營隊指導老師都相當驚奇。

　　可惜融融之後又參加了美術營，沒有完成一千字的採訪稿，錄音檔也丟在書架後面了。

　　創新分析型（ENTP）的孩子聰明好奇且足智多謀，他們喜歡節奏明快且變化多端的環境，所以常會覺得一般教材太過簡單無趣，因而不喜歡上課。師長們可以給予這些孩子較為艱難的教材，並鼓勵他們做獨立研究、提出創新計畫、解決困難問題，尋找新的可能性。當然，他們在自主學習之餘，也需要有一點規範，師長們可以和他們討論，基本的作業和考試所占的比率是多少，創意研究的時間是多少，讓孩子遵守個別化的學習計畫，而不是漫無目的隨興而為。

　　這類型的孩子會鑽研大人的書，常被視為比較早熟，他們對知識不喜歡死背，而是想要理解其中的道理，即使是背科，如歷史，也會想找出那個時代的背景及權力的影響。師長們可以鼓勵他們和同儕討論，創造新奇的口訣或用系統的方法來理解。因為他們具有外向性的特質，所以很喜歡和同學一起討論，即使是運動，也可以在紙上談兵。

　　創新分析型的孩子做事經常虎頭蛇尾，剛開始十分投入，卻邊做邊玩，完成度不高。因此，對於重要的事情，例如考試報名、作業報告等，一定要督促他們仔細計畫並努力完成，否則就會錯失許多成功的機會。

喜歡分析問題

富有創意

【教養&溝通祕訣】

創新分析型 | *ENTP*

　　創新分析型（ENTP）的孩子覺得發想新的概念非常好玩，但是執行這個概念就丟給別人去做。他們非常好奇，看到太多可能，想要一一探索，因此很難專注在同一個面向，完成任務會有困難。

　　傾聽他們訴說夢想，欣賞新奇創意之餘，要允許他們自由設定目標，獨立自主完成工作。有時孩子的目標太過遠大，會不切實際，可以跟孩子討論風險分析的技巧，隨時詢問他們如何完成作業，提醒他們現實面是否可行，以及遺漏的細節。

　　當然，一定要讚賞他們在發想過程中的努力，假如事情沒有如預定計畫完成，也必須針對事情本身來檢視討論，避免直接批評他們的個性，同時也避免試圖去控制或用權力壓過他們，期待他們遵守傳統的習俗規定，否則他們會對大人產生防衛心，隱藏一些負向情緒，不想再跟別人分享。

15 心靈導師型 | *ENFJ*

外向、直覺、情感、果斷

　　心靈導師型（ENFJ）的孩子通常都具有**熱情友愛，樂於助人的特質**，而他們**喜歡用隱喻或形容的語言來支持鼓勵及啟發別人**，並且**善於觀察人，能洞悉隱而未見的潛能**；相對的，他們對別人的批評也非常敏感，重視和諧與合作，願意花時間和別人建立密切的關係，與人分享他的理想與夢想，若是獲得鼓舞肯定，會讓他們做起事來更起勁更有信心。

　　妍妍媽咪很喜歡分享女兒的趣事。她說妍妍是個萬人迷，帶她去美容院，她一定有禮貌地稱阿姨、道姐姐，讚這位姐姐皮膚好，說那個阿姨氣色佳，撩得大家心花怒放，巴不得把糖果餅乾都塞在她的櫻桃小嘴裡。

158

小妮子也不是隨意奉承，她真的知道 Rose 姐姐喜歡健身，所以身材最好；Joy 姐姐擅長美甲，設計很強……，大家都讚她有一顆七巧玲瓏心。妍妍對服飾搭配特別有一套，自稱要當服裝設計師，在家就常會指點妹妹如何穿著打扮。有一次她看到雜誌上的圖片，就指點 Rose 姐姐將身上的配件做些調整，「穿那樣比林志玲還漂亮」，姐姐被逗樂了，就隨著她的意思隨便弄弄，沒想到竟然豔驚四座，從此妍妍被封為「香奈兒」，即使很久沒去洗頭了，阿姨、姐姐們還不時會問候她。

　　從這件小事可以看出，妍妍很快就能和別人相處得很好，並且會順應旁人的價值觀，喜歡閱讀，能說出各種新鮮的觀點，應該是具有心靈導師型（ENFJ）特質。

　　由於他們**善於交際，常是朋友和家人的強力支持者**；在學校，他們喜歡團體活動，會協助同伴，努力維護團體的和諧，常會成為學校裡的小老師。也因為他們太重視人際關係，所以常會延誤做事的時間。例如：明知道有許多功課要做，朋友又約聚會，該要怎麼辦呢？有些孩子直接選擇朋友，功課就會拖到很晚，甚至搞砸，這時，多重壓力可能會使他陷入自我厭惡的情緒當中。有些孩子則是練就了同時做很多事的好功夫，家長老師們發現這個狀況，首先需要同理孩子的情緒，溫暖地關懷，其次要適時引導孩子做好時間管理，假如最終還是因為朋友而耽誤正事，就要為自己的選擇來負責。

　　另外，這類型的孩子，若是遇到挫折時，大人們可以引導他從另類的觀點來看事情，因為他們擅於洞悉別人的想法，並且有能力探究事情背後的寓意是什麼，所以只要激發他的想像力，思考一下，可能就會將箭拔弩張的情況，轉化為大家共同的笑點。這就是他們的獨門絕活。

159

擅於洞悉想法

喜歡鼓勵及
啟發別人

【教養 & 溝通祕訣】

心靈導師型 | ENFJ

心靈導師型（ENFJ）的孩子想像力豐富，也因為過於關切家人或朋友的喜怒哀樂，所以經常會捲入別人的情緒風暴當中，而難以自拔，像是父母吵架或朋友失和，他會不自覺地介入調停，並情緒化地表達自己的感受，企圖以失控的行為來模糊焦點。

這時務必讓孩子離開戰場，冷靜下來，不需給他任何的建議，只要提供一個開放的情境，鼓勵他將自己的情緒及感受清晰地表達出來。透過親密的溝通與對話，孩子就得以重獲精力，並從中得到助益。

16 自由樂活型 | *ENFP*

性格傾向 **外向、直覺、情感、隨性**

自由樂活型（ENFP）的孩子**頑皮又有活力，樂於和朋友為伴，他們會在日常生活中找趣味，是個擁有自由精神的人。**他們通常具有良好的口語表達及溝通能力，有創意並且能綜觀全局，積極樂觀，善於交際，所以在團體中很受歡迎。

　　媽媽常說，小欣是個野丫頭，常常呼朋引伴，四處遊玩。有時在家裡辦慶生會，蹦蹦跳跳吵吵鬧鬧，搞得鄰居都來抗議；有時和朋友去逛街閒晃，什麼都沒做也覺得很開心。

　　甚至連段考前的複習計畫，小欣都能搞怪。只見她在考前一週的聯絡簿上寫著：「複習完了，大腦細胞也全完了！」、「頭腦吃太飽了，現在容量嚴重不足。」、「複習比考試還難，救命啊！」，老師也一本正經地用紅筆寫下「加油」、「再堅持一下」、「快結束了」，爸媽簽名時都忍不住笑了出來。

　　小欣具有自由樂活型（ENFP）的特徵。他們迷人熱情、善於交際，喜歡跟老師和同學相處，當身邊圍繞著朋友和家人，大家一起活動的時候，他們就會非常開心。他們通常很親切和善、情感豐富、善解人意，樂心助人，所以常會成為團體的中心。然而因為他們想要和所有的人友善交好，甚至要討好別人，所以很容易因為交際太多而導致心力枯竭。

Part 3 尋找孩子的性格密碼 ● 自由樂活型 *ENFP*

161

在跟這類型孩子溝通時，要以溫和不帶批判的言詞，肯定他的貢獻和能力；其次，引導他們先停下來，去想想「現在是什麼問題？」、「可以（只能）做什麼事？」，讓他們在情感上和朋友保持一段距離。假如沒有辦法做到，分派一個個性不同的學伴和他們同組，提供他們一些比較的範例，也是一個具有創意的方法。

自由樂活型（ENFP）的孩子還有一個獨特的天份，就是能把普通的件變得很不一樣，像是老師講到手舞足蹈這個成語時，突然就在書桌上跳舞；或是幫朋友辦一個難忘的慶生會等。他們有豐富的想像力及覺察力，會看到別人沒有看到的問題，所以能想出很不一樣的點子。

然而，這些孩子常會依照自己的想法去做一些有趣的事務，很少關心規則，也不會考量現實層面，他們想要自由自在，不喜歡告訴別人他要做什麼。父母及師長除了鼓勵他們做自己喜愛的事，也可以帶領他們一起做比較乏味枯燥的工作。在團體合作中，引導他們觀察他人的行動；當然強調目標及規則的重要性，對孩子來說是相當必要的，否則樂活型的孩子經常會天馬行空或執意進行自己的想法。他們通常很喜歡演戲，讓他們參與戲劇活動，有機會可以當目光焦點時，在其他的時間就比較容易合作。

頑皮又有活力

想要自由自在

【教養 & 溝通祕訣】

自由樂活型 ｜ *ENFP*

　　自由樂活型（ENFP）的孩子有豐富的好奇心，使他們對各個知識領域都很感興趣，比較坐不住且愛講話。而且他們通常不太有時間意識，對於計畫、規範及瑣碎的事物不太關心，同時進行多項事務，常會造成焦頭爛額，亂七八糟的狀況。

　　因此要讓孩子建立「一次一事」的觀念，儘可能排除環境中妨礙孩子完成任務的干擾因素，等這個任務完成之後，再做下一個任務。

　　另外，要注意他們的回應，通常他們回答懂了，可能只懂大致的概念而已，讓他們覆述一遍，再詢問一些步驟細節，也可以讓他們畫圖、演出，來觀察看他們是否真的懂了，家長老師們可以讚賞孩子的創意，並指出他們沒有真正瞭解地方。

欣賞孩子與生俱來的優勢性格

　　孩子和父母的性格類型可能會不盡相同，在某種意義上，代表彼此之間都有一些「盲點」（潛力性格）。所以養育一個和自己不同性格類型的孩子，父母必須多去尋找他的優點以及他擁有的天賦，順性引導，並且允許他做自己，好好的發展他的優勢。但絕對不是一昧地去迎合孩子，導致親子關係失去平衡。

　　而父母和孩子性格傾向相同時，通常比較容易溝通，彼此會有一種特殊的牽繫及理解，但是孩子就像一面鏡子，容易照見父母過去的習性，父母必須警覺自己的盲點也可能出現在孩子身上，先要學會接納自己，才能慢慢地引導孩子發展他的潛力性格。

　　總之，孩子的生活應該有他們自己的天地，需要有自己發展的空間，父母能理解自己與孩子因性格傾向的對立，而形成完全不同的行為模式與生活態度之後，除了從小就要培養孩子應有的規矩、禮貌，與生活做事的負責態度外，更重要的是要去欣賞孩子與生俱來的的優勢性格，同時在旁陪伴孩子成長，教導他們如何將生活調適平衡，並與人建立良好的人際關係。

Part 4

父母如何跟孩子建立親密關係

我們常會聽到父母親在教養孩子的歷程當中碰到一些困難，家長往往會氣急敗壞地說：「怎麼跟他講，他都無法改變。」最後感到灰心喪志或心力交瘁；家裡若有 2 個孩子，有些家長會覺得，跟老大溝通明明很順暢，跟老二講話就很容易抓狂。以上這些親子之間的衝突、擔心、不信任和誤解，究其原因，大多數是父母和孩子性格傾向不同所發生的。

傾聽親子交流的聲音

從本書的 Part1 和 Part2，我們瞭解了四個面向的性格類型，第一種是外向型（E）或內向型（I），關注的是我們和環境的互動方式；第二種是實感型（S）或直覺型（N），著重在我們學習時，是如何接收與表達的；第三個是思考型（T）或情感型（F），講的是我們在做決定時，最關鍵的依據是什麼；最後一個是果斷型（J）還是隨性型（P），區辨我們的生活態度和做事方式。（請參考表 1）

誠如本書開宗明義所說，有效教養的鑰匙其實掌握在父母身上，假如父母能瞭解自己的個性和孩子不同，更能清楚彼此的差異，在和孩子互動溝通與教導時，就能掌握有效的方法，用孩子能接收、能聽懂的方式來和孩子互動，也比較不會因為擔心孩子出了什麼差錯，對孩子的所作所為有所批判，以致在無意間傷害孩子的自尊心。

此外，很多父母會過於重視孩子的一言一行，以致成為全天候掌控孩子的「直昇機父母」。假如他們能夠充分瞭解孩子的性格類型，就能適度掌握教養的尺度，不會如此緊張焦慮，而能收放自如了。

事實上，任何一個習慣要說改變談何容易，性格類型的觀點指引我們的是因勢利導，而不是改變孩子，如此一來，才能創造雙贏的親子關係。

表 1

Part
4

父母如何跟孩子建立親密關係

分類指標	類型	
注意力用在哪裡？ 和環境的互動方式？	**外向型** （E，Extraversion） 專注在外在環境， 從外在活動中獲得動力	**內向型** （I，Introversion） 專注在內心世界 從內心反思中獲得動力
使用什麼方法來 學習、感覺？	**實感型** （S，Sensing） 用感官實際體驗操作 重視細節	**直覺型** （I，Intuition） 用直覺推測、想像、模擬 重視整體概念
如何下決定？	**思考型** （T，Thinking） 重視公平合理、標準 和原則	**情感型** （F，Feeling） 重視和諧友愛 以人為本
喜歡什麼生活風格？	**果斷型** （J，Judging） 有目標導向、井然有序、 提早完成	**隨性型** （P，Perceiving） 順其自然、保持彈性、 趕在最後一刻

1

內向型（I）和外向型（E）
──北極與南極

　　內向型（I）的孩子和外向型（E）的孩子，在與外在世界的人、事、物互動時，會因為個性而展現不同的面貌，因此他們在與人溝通上也有很大的差異。

　　外向型（E）的人精力充沛，**很喜歡與別人互動**，熱烈廣泛的談論，適合團體的學習。而**內向型（I）則比較會內在的自省**，在安靜的環境，與個別的談話空間裡，慢慢地一步一步在內心建構想法，所以在他們講話時，就必須用符合他們的模式比較有效。

親子溝通重點

　　關於「溝通、講話」這件事，外向型和內向型的孩子在先天上就有不同的想法與詮釋。基本上，**外向型的孩子是標準地為「說話而說話」**，他們只是想找人聽他講，所以想到什就會說什麼，百無禁忌，讓別人馬上能知道他在想什麼，有問題也會立刻反應，絕對不會隱藏。

　　而**內向型的孩子說話的目的是為了「跟對方交流而說」**，所以在回應之前會考量到整體的面貌，包括人、事、物的情境脈絡，因此需要花時間來想一想，並評估消化，才能小心謹慎地說出精準的答案，否則寧願放在心裡也不要說出來。

因此，師長們在面對外向型的孩子時，可以比較閒適輕鬆地聽他講話，點頭微笑地鼓勵即可，有什麼問題也可以當面回應，有時他們喜歡說異想天開的話語，假如無傷大雅就一笑置之，不需當真。而跟內向型的孩子講話時，比較適合在一個不受打擾的私密空間，慢慢說、慢慢想，別擔心沈默而不斷說話或催促他做決定，等他準備好之後，就會給予必要的回應。

內向型（I）的父母
外向型（E）的孩子

內向型（I）的父母猶如北極，外向型（E）的孩子就像南極，經常會因個性不同而有所誤解，所以不管在溝通或相處上，以下幾點是特別需要注意的。

內向型的父母經常會覺得自己精力不足，假日無法帶孩子外出到處去玩，又不放心讓孩子跟朋友獨自出遊，尤其是外向型的孩子活潑好動。內向型的父母常會覺得外向型的孩子話多、靜不下來，時常覺得孩子很吵，可能會把父母逼到極限而爆發，然後兩人都受到驚嚇。

內向型的父母有時候會批評外向型的孩子：「回家之後還和同學講一、兩個小時的電話，或用通訊軟體聊天，到底在講些什麼呢？」另外朋友太多，常常往外跑，也是個大問題。

另外，內向型的父母也比較少去參加孩子學校的活動，除非是孩子出了什麼大事，所以外向型的孩子常常會形容內向型的父母太過於專注在自己的內心世界，而和孩子的關係較為疏離。

其實內向型的父母有時也會感到矛盾困惑，假如順應自己的本性，沈默安靜，寧靜獨處，會讓外向的孩子感覺被忽視或不被關心，但是當孩子成年之後，有時會感謝父母讓他們過著深度的生活體驗，也不會過度干涉，讓他們保有自己的隱私。

如何在親子關係之間保有親密和獨立，這當然是內向型的父母須要抉擇及考慮的。

外向型（E）的父母
內向型（I）的孩子

外向型（E）的父母可能會擔心內向型（I）的孩子每天都宅在家裡，躲在自己的房間不出門，沒有興趣參加團體或小組活動，沒有什麼朋友。

外向型的父母會過於熱心地幫孩子安排許多活動，讓內向型的孩子覺得干涉太多、太過侵犯他們的隱私，不尊重他們獨處的空間。所以外向型的父母要學習如何自我節制，不要像直昇機似的，不斷盤旋在孩子上空。

簡單來說，外向型的孩子需要交朋友，父母親可以幫他安排活動，加入社團。但是對內向的孩子而言，少數幾個好友，自己做自己喜歡的事情，聽聽音樂等，就已經是很好的活動了，所以父母在幫他安排休閒或是課外才藝時，要順應孩子不同的性格類型，給予適當的安排。

擅長用「說話」來溝通還是用「文字」來溝通

或許父母會覺得，家有 2 個孩子，大的孩子學鋼琴，小的孩子沒讓他學好像過意不去，事實上，如果兩個孩子的性格類型不同，與孩子商量，讓他們各取所需，適性安排，那才是最恰當的作法。

此外，要**教導外向型的孩子，說話時能停、聽、說，留時間給別人說**。尤其是在別人說話時不要打岔。比如孩子是不是家裡有客人時，他們經常會「人來瘋」，在你跟朋友講話的時候，經常過來打岔，這時候就要開始教導他，「學會等待」。發言前先讓父母知道他有話要講，但是必須在大人允許的時候再說。

對於內向型的孩子，要教導他多表達，把心裡的話講出來。父母經常會覺得孩子不夠大方，扭扭捏捏，但不要斥責或強迫他，否則他會更退縮。對內向型的人來說，一生下來就處在必須與人互動的世界，這就是一種壓力，他們不像外向型的人，天生就是社交好手，擅於表達。

不過，爸爸媽媽們別氣餒，內向型的孩子有他的優勢，他們比較能夠專心，學東西也比較有耐心，一項才藝學專精了，才會想再學其他的。而外向型的孩子興趣廣泛，有時候會流於樣樣通，卻樣樣鬆。

另外，外向型的孩子經常想到什麼就說出來，有時候口出狂言，例如考試那天要翹課去海邊玩，真的會讓內向型的父母很緊張。假如瞭解孩子的個性，父母不須馬上做出反應，以免立即發生衝突。可以詢問他想表達的究竟是什麼事情，或是等孩子自己說出來，大部分的事情，都是他們未經考慮就說出來，雷聲大雨點小，並不會真的那麼做。

雖然外向型的孩子平常愛說話，喜歡熱鬧，但是也需要專注，假如在他需要安靜空間時，一定要尊重他，而不是取笑他：「你自己剛才還不是很吵。」之類的話語，否則孩子很容易大發脾氣。

而要求內向型孩子回答前，要給他們足夠的思考時間，不要急著逼迫他們馬上回答你的問話。有時候父母關心好奇的問：「你在做什麼啊？挺好玩的！」內向型的孩子會覺得父母明知故問，想刺探他的隱私。但是外向型的父母常常無法理解孩子真正的需求，因而親子之間產生了誤解和心結。

其實可以跟內向型的孩子這麼說：「你回到家，只要跟父母打個招呼，我就不會跟你過不去，或不讓你回房間。還有不論什麼時候大人問你話時，要回答一聲。」簡單的協議，使孩子不會覺得被侵犯，大人也不會覺得受到冷落。

最後必須注意的是，**外向型的孩子擅長用「說話」來溝通，內向型的孩子喜歡用「文字」來溝通**，因為他在回答前可以好好的思索。而一般人習以為常的溝通方式是「說話」，所以對內向型的孩子比較不利。下次假如碰到問話不回答的孩子，先試著冷靜下來，寫封信，留個字條，傳個 LINE，也許他就會表達自己的想法了。

2

實感型（S）或直覺型（N）
——地球人與外星人

聽盧廣仲的〈魚仔〉這首歌寫著：「打開了窗戶突然想起，你在的世界，會不會很靠近水星⋯⋯。」有些孩子可能會問水星在哪裡，距離地球多遠；有些孩子可能會覺得用水星來做隱喻好酷喔，這些不同的反應，跟每個人的性格類型有關。前者應該是實感型（S），後者就是直覺型（N），簡單來說，實感型（S）的人活在地球上的具體現實中，而直覺型（N）的孩子則像活在外星，是虛無縹緲的樣態。

親子溝通重點

實感型（S）的孩子喜歡聽具體實際、明確、清楚的語言，以及事情的所有細節，有時無法聽懂隱喻或抽象的言語。直覺型（N）的孩子對新奇、變化、想像的事情和不同的話題感興趣。喜歡和別人分享他的夢想和靈感，**說話時，喜歡用比喻、說故事、抽象的或形容詞來表達。**不喜歡被限制或被範圍界線牽制，對細節感到不耐煩或干擾。

實感型孩子的性格優勢是非常務實，很清楚地知道現實的處境是什麼，特別關心的是「現在可以怎麼做」。所以實感型孩子溝通的目的在取得有用的計畫、參考的範例，他們會探問一步一步的細節和步驟，希望能規劃具體藍圖然後按表操課。

直覺型孩子的性格優勢則是在創新想像，他們很會抓重點和概念，重視的是「可以怎麼改會更新奇有趣」。所以直覺型的孩子喜歡討論一些抽象的意義和圖像，特別會用隱喻或象徵的語言來表達。

師長們在和實感型孩子溝通時，可以用「老生常談」的方式，把來龍去脈、細節計畫娓娓道來，討論過去的事實與經驗，會使他們獲益良多。然而，千萬別對直覺型的孩子講古，他們會超級不耐煩。和直覺型的孩子溝通時，可以使用一些專業的理論及模式，別擔心孩子太小聽不懂，他們天生有吸收抽象概念的能力，與他們討論各種不同的可能性，最後還是要提醒一些細節步驟，避免孩子永遠在建立空中樓閣，不食人間煙火。

實感型（S）的父母
直覺型（N）的孩子

實感型（S）的父母非常重視實際事物，直覺型（N）的孩子則在內心擘畫及思考，比較少去注意是否有實質意義，假如沒有察覺彼此的差異，很容易引發親子衝突。

實感型的父母常會覺得直覺型的孩子過於夢幻，不切實際，所以會擔心孩子將來要怎樣靠自己生活？但直覺型的孩子卻會誤以為父母是在對自己的所有想法「潑冷水」，而不是提供一劑「現實」藥方。例如：針對考試填志願這件事，直覺型的孩子會認為讀書是為了發展

自己的興趣，而實感型的父母十有八九會說：「如果你不讀一些有用的科系，我一毛錢都不幫你付。」父母所謂有用的東西，就是讀了之後能對應到一份好的工作，這個想法會讓孩子覺得爸媽非常勢利。

假如實感型的父母能夠自我察覺，感受到自己和孩子之間的差異，進而欣賞他的觀點和夢想，並和孩子討論他們的想法，會讓孩子喜歡和父母分享，感受到父母瞭解他、尊重他，支持他的想法，而不會壓抑他的創意。

另一方面，實感型的父母常叮嚀直覺型的孩子不要粗心大意，還會要求孩子規劃詳細時間表，然後照表抄課。而直覺型的孩子會認為那些細節都不重要，總是只提出自己的夢想，這些想法有時很有創意，但脫離現實無法完成，假如能協助孩子檢視他的想法在現實中是否可行，補充細節幫助他完成，他就會獲得很好的經驗，未來在學習上會更有信心。例如：孩子想在校慶園遊會辦鬼屋，父母可以陪他一起規劃，購買材料，使鬼屋逐步成形，孩子會獲得良好的經驗，以後也比較能接受父母的指導。

此外，實感型的父母對孩子的身體健康、日常生活的細節，比較細心照顧，這是他們對孩子愛的表現。但是直覺型的孩子會覺得父母太過囉唆，感到心煩，沒有耐心聆聽，但孩子可能不知道很多生活的小細節，父母也是花很多時間來完成的，當然，父母也不需為此感到傷心懊惱，覺得「做到流汗，被嫌到流涎」（台語），因為孩子只是不在意這些事而已。

直覺型的孩子喜歡新奇好玩的東西及熱情、有想像力的溝通，假如父母發現他們叫不動時，可以改變說話的方式：「來，我們開戰車去兜風。」對孩子而言比較有用。

直覺型（N）的父母
實感型（S）的孩子

　　直覺型（N）的父母較少把注意力放在日常生活的實用層面上，導致實感型（S）的孩子會比較沒有踏實感，而且搞不清楚自己可以仰賴誰或相信誰？例如孩子問媽媽：「晚上吃什麼？」父母回答：「我們隨興到街上走走，看到什麼就吃什麼。」有些孩子會覺得很開心，但實感型的孩子會開始擔心食物合不合胃口，餐點乾不乾淨等等，往往讓直覺型的父母覺得掃興。

　　直覺型的父母比較不會交代細節，也不會詢問太瑣碎的事情，經常說話不夠完整，常讓實感型的孩子覺得一頭霧水，什麼事都要自己來。小至早餐的準備，大至畢業旅行的行程，直覺型的父母可能都不會協助孩子預做整理，以為給錢繳費，一切就可以解決，因此實感型的孩子從小就要學習購買餐點、文具，打包行李等。

　　但是，直覺型的父母很喜歡協助孩子做那些需要創意性的學校作業，因為他們會覺得很好玩，但實感型的孩子有時會認為，做那些天馬行空的東西，不如把數學或國文作業寫好。

教導孩子要「先講重點」還是「解釋細節」

　　有些父母會發現，孩子們對於事件的反應速度有快慢的差異。一般來說，直覺型（N）的孩子只要一秒鐘就能回答的問題，實感型（S）的孩子就算知道答案，也要花上三秒鐘或加倍的時間。那是因為實感

型的孩子喜歡詢問細節，並且需要非常明確的指示，敘述一件事情的時候也會把細節交代清楚，許多爸媽沒耐心或無法聽到事情的重點，就將實感型的孩子貼上「遲緩」的標籤，覺得直覺型的孩子比較聰明。可是直覺型的孩子想法天馬行空，常喜歡一些不同的、新的事務，講話常是「跳接式」的，又讓父母覺得有點無厘頭。如果爸媽沒有理解他們各有不同優勢，很容易對孩子造成傷害。

●實感型孩子（S）

這類型的孩子希望從父母那裡得到詳細的信息時，如果父母僅是大概地交代一下，實感型的孩子會覺得爸媽在敷衍他，將來也就不太願意相信大人的指導。所以當實感型的孩子問問題的時候，大人回答時要用明確、速度慢一點的語調，重複同樣的訊息。假如察覺他還是無法理解，可以再重述一次。例如：可以問問孩子：「這樣說能解答你疑問嗎？」一步步的解釋細節，並提供參考範例。要用具體與實際生活有關的語詞，不要用抽象或隱喻的方式，並且要教導他們將相關的資料做聯結與統整。

●直覺型孩子（N）

而教導直覺型的孩子要先講重點，再講細節，否則他們會不耐煩，例如講完一件事之後，要孩子「把我剛才說的內容說一遍給我聽」，來核對他到底有沒有真正注意到所有的細節，此外也要協助孩子有效率的專注完成一個工作，而不要一直停留在想法的層面上，此外，也要檢視孩子的構想在現實世界裡是否合理可行。

3
思考型（Ｔ）及情感型（Ｆ）
──理性與感性的光譜

　　看到這個標題，也許大家會覺得思考和情感是對立的兩面，事實上，這兩者比較像是光譜的兩端，人的性格在中間游移，有些人比較偏向思考型（Ｔ）那一端，有些人比較偏向情感型（Ｆ）這一端，並不是截然不同，非黑即白的狀況。

親子溝通重點

　　思考型（Ｔ）傾向的孩子具有**冷靜、理性、客觀、公正的性格優勢**，就如同律師一樣，他們**溝通的目標會放在「事情的真相」**上，希望討論一些客觀的事件、公平的標準，也很重視邏輯分析和精準推理。而**情感型（Ｆ）**的孩子則具有**感性、合作、關懷、助人的特質**，他們**溝通的目標放在「人際和諧」**這件事上，所以重視的是別人的感覺、需求，分享經驗、給予回饋。

　　因此，師長們可以想像，思考型傾向的孩子講話常會出現挑戰的態度或話語，他們只是在陳述事情的利弊得失，並非有意威脅或攻擊，所以與他們溝通時，要注意保持理性冷靜，避免情緒激動，講話內容要簡單誠實、坦率精確，以公正客觀的方法，分析他們的問題，否則就不會獲得孩子的信服。

跟情感型的孩子講話時，首先態度要溫暖友善，先同理他的情緒和感受，可以給他大大的擁抱，不需要邏輯分析或跟他講道理，只要積極地傾聽，讓他說出事情的來龍去脈，給予支持和鼓勵。其次，跟他討論一些比較軟性的話題，譬如跟家人朋友的相處狀況等等，給他們多一點支持與鼓勵，等到孩子情緒和緩、冷靜之後再處理正事，如此一來才能使這類型的孩子有如沐春風的感受。

思考型（T）的父母
情感型（F）的孩子

有時我們會聽見有些父母說：「我比較喜歡嚴格的老師，各方面都會要求孩子，對學生有好處，嚴格的老師才能教出守規矩、認真負責的孩子，長大後，才會有足夠的能力在社會立足。」思考型（T）的父母比較重視孩子的能力，會要求孩子的功課與成績，擔心孩子以後是否有足夠的能力，在社會上與他人競爭。這樣的方式常會讓情感型（F）的孩子倍感壓力，認為讀書是在為父母而讀，無法體會這是父母愛他的表現。

思考型的父母經常會要求孩子說話講重點，但孩子還小或是情感型的孩子邏輯思考、組織能力比較弱，很難抓到重點，當父母催促或要求他們說重點時，可能會因為緊張而說不出話來，日積月累之下，親子關係就逐漸疏遠，孩子有事情只找朋友說或乾脆什麼都

不說！因此思考型的父母要先接納孩子的情緒與感受，有耐心聽孩子說話，學習傾聽的技巧，情感型的孩子才能感受到爸媽對他的愛、關心與支持，遇到困難時才會找父母求助。

思考型（T）的父母常會覺得情感型（F）的孩子太過情緒化，當孩子莫名其妙地哭起來時，會不知道孩子在哭什麼？自己該如何不讓這種情況發生？也許他會嚴厲地指責孩子：「不要哭了，有什麼好哭的？」試圖要控制孩子的感受，好讓孩子堅強起來。因此情感型的孩子，有時候會覺得父母愛他們愛得不夠多，因而更加渴望情感、讚美和賞識，其實是因為孩子不瞭解這是父母關懷的方式，為的是給予孩子尊重、練習獨立的機會與空間。

思考型父母喜歡就事論事，例如他們會對孩子說：「你穿那是什麼衣服？」這句話是針對衣服而言，並不是在指責個人；但是情感型的孩子往往會很受傷，覺得爸媽在罵他。

另外，思考型的父母碰到孩子發生問題時，比較能客觀論事，並提供解決問題的方法，來協助孩子處理棘手的的事情；但假如處理過程中，父母是冷靜理性的態度，會讓情感型的孩子覺得自己做錯事，所以父母跟他保持距離，不再愛他了。

思考型的父母比較會強迫孩子做事，例如明明自己的孩子對藝術、音樂一類的活動有敏銳的感受，但在競爭型的體能運動可能不太在行，可是爸爸卻逼他到足球場上試一試身手，情感型的孩子，小時候也許還會隱忍，長大之後會拒絕反抗了，假如思考型的父母又沒給孩子好臉色看，孩子在心靈上會受到嚴重的摧殘，覺得自己不好，沒有信心，喪失自我價值感。

情感型（F）的父母
思考型（T）的孩子

　　情感型（F）的父母比較會用鼓勵的方式，先讚美一番，再激勵孩子進步。他們會希望孩子能在愉快溫暖的環境下學習，期望孩子的老師是位和藹可親，而不是嚴格的老師。

　　情感型的父母經常把孩子的生活照顧的無微不至，擔心孩子沒吃飽會餓，衣服穿太少著涼，有時候過於關心一些生活細節，讓孩子覺得管太多，以思考型（T）孩子的觀點來看，父母可能很愛探人隱私，太過侵犯或保護過度，沒有給他們足夠的空間來面臨挑戰、練習獨立。

　　思考型的孩子非常有主見，對於父母過多的管教會產生抗拒的心理，因此很容易引發親子衝突，所以情感型的父母要懂得尊重孩子的想法，適時的放手，相信孩子有能力照顧好自己，讓孩子學習做他自己。

　　情感型的父母覺得思考型的孩子不夠貼心、感覺上比較難跟他建立親密關係，例如：「我走向他，想給他一個大大的擁抱，他卻跑開了。」這種狀況常讓情感型的父母很傷心，以為孩子和自己保持距離，不願與自己親近。而思考型的孩子可能面臨另一種情況：「我想開開玩笑，逗逗爸爸跟他辯論某個想法，但是爸爸覺得我在攻擊他，我無意傷害他，是他對人和事情都太敏感了。」以上狀況都是因為不瞭解性格差異，所造成的衝突與誤解。

溝通時，要問他「看法」還是要問他「感覺」

　　和思考型（T）的孩子溝通時，要問他對事情有什麼「看法」；
但和情感型（F）孩子講話時，要問他「感覺」如何？

●思考型孩子（T）

　　當思考型的孩子傷心、難過或生氣的時候，可以讓他講出事情的
源由與想法，看他想要如何處理，有什麼辦法可以解決，和孩子一起
分析事情的來龍去脈，以及各種做法的利弊得失。當然，父母也可以
分享自己的經驗讓他們參考，讓他們自己衡量要怎麼做比較好。

●情感型孩子（F）

　　面對情感型的孩子必須先接納他們的情緒與感受，擁抱安慰，給
他們溫暖，讓他們自己從情緒風暴走出來。可以教導孩子處理情緒的
方法，未來就比較能夠掌控情緒。最後，可以告訴他們：「你需要爸
媽幫你想辦法的時候，跟我們說一聲，我們可以做你最堅強的後盾」，
讓孩子感受到父母滿滿的愛意。

4

果斷型（J）及隨性型（P）
——刀與水的競逐

　　在日常生活的習慣與態度上，果斷型（J）及隨性型（P）最容易發生衝突。但是父母要瞭解的是，所有的不同與對立是我們生活中都需要的。就如同果斷型的人，需要隨性型的人帶動他們放鬆一些，不要凡事都看得那們認真；而隨性型的人，需要果斷型的人幫助他們建立起紀律，做事貫徹始終。

　　每一種性格類型都各有其優勢和盲點，沒有那種傾向比較好或比較不好，更沒有所謂誰對，誰錯。父母在教養孩子時，假如能掌握這個原則，就比較能平心靜氣，理性溝通。

親子溝通重點

　　果斷型（J）和隨性型（P）的孩子，其差異主要在生活模式上，例如：做作業的方式，對環境整潔的要求、生活習慣、遵守規則、對時間的掌控等，這些差異在小孩子的行為表現上是非常顯著的。

　　父母最好的教養方式就是配合孩子性格傾向的差異，稍微注意一下溝通的語氣、語速及態度，便可以減少彼此的衝突，提升親子關係。

一般來說，**果斷型（J）的孩子喜歡立即做決定，而隨性型（P）的孩子喜歡蒐集更多資料，到最後一刻才會下決定**，所以在過程中常會出現緊張關係。**果斷型**的孩子似乎**對時間有比較好的敏感度**，知道多少時間可以讓他們完成工作；而**隨性型**的孩子**很難去遵守期限**。尤其是比較小的孩子還沒有足夠的經驗，以致於他們經常誤判，最後沒能在期限內完成工作。

果斷型孩子的性格優勢是「有組織、高效率、能專注工作」，他們和人溝通的目的，是要確立清楚地目標，能有計畫地生活，不想要有意外發生。

隨性型的孩子的性格優勢是「隨機應變、無入而不自得」，他們所做的決定是隨時可以改變的，包括放著工作不做，跟人聊天吃飯，也可以放下休閒，整天工作，不眠不休。

在跟果斷型孩子溝通時，要想清楚再講不要猶豫不決，冷靜果斷地提供清楚的目標和明確的執行方法，假如需要變更行程時，要提前告知，或和孩子討論出相對應的計畫和步驟，千萬不要責罵孩子不知變通。相反的，和隨性型的孩子溝通時就可以天馬行空地提出各種問題，孩子也會加入許多不同的意見和想法，有沒有結論不是重點，這種不受拘束的討論氛圍才是他需要的，而針對孩子經常會延遲及彈性調整的問題，也可以一起思考，看有什麼新奇的方法可以解決。

果斷型（J）的父母
隨性型（P）的孩子

　　果斷型（J）的父母常會對隨性型（P）的孩子有諸多抱怨：「我要他做件事情，他就轉移目標到他更有興趣的東西上。」、「他的房間看起來像是被風暴襲擊過一樣。」、「他一直等到最後一分鐘才做功課。」果斷型的父母非常擔心隨性型的孩子什麼都不要緊的態度，可能找不到生存之道。事實上隨性型的孩子非常的樂天，是「打不死的蟑螂」。

　　在果斷型父母的眼光裡，隨性型的孩子總是那麼逍遙自在、懶散貪玩。果斷型的父母常看到隨性型的孩子下課回家後，邊做功課邊玩，脫拖拉拉，要不就是看他喜歡看的課外書，要不就是做他喜歡做的事，玩玩具、看卡通，要爸爸媽媽一在的催促才去做功課。每天幾乎都要到十一、十二點才能上床睡覺，父母常是既心疼又懊惱。

　　最好的方法是讓他嚐到先把該做的功課或事情做完的甜頭跟好處。回家後先讓他放鬆，做自己想做的事，然後約定洗澡、吃完飯後，開始做功課，規定幾點到幾點完成功課，時間一到就把他的功課收起來不讓他做，並且堅持做到，假如明天交不出功課，他自己必須去承擔老師的處罰。剛開始，他一定會吵，習慣養成之後就沒事了。在孩子真的完成功課後，父母就要讓他做他喜歡的事，而不是再加其他功課給他做。幾天下來，他自己會發現，原來無法看的電視節目現在有時間看了。喜歡看的課外書，也可以用來當獎勵，拿出來給他看。用這種方法，父母從小培養隨性型的孩子能夠分辨事情的輕重緩急及順

序，並培養組織、架構的能力。

有時候，不論果斷型（J）的父母如何嚴格要求隨性型（P）的孩子，也許他們還是經常賴床遲到，要不就是丟三落四。例如孩子常在睡覺前跟你說：「媽，我忘了告訴你，明天上午美術課要帶紅蘿蔔，老師要教我們雕刻紅蘿蔔。」但晚上都十點多了，去哪裡買啊？

如果是內向情感果斷型（IFJ）的父母，碰上了隨心所欲、自由率性的孩子，常會覺得十分無奈，也會在內心自我譴責，認為自己是不稱職的父母，沒有能力把孩子教好。這樣的態度，不論父母嘴上說不說，還是會傷害到給孩子的自尊心。

最好的方式是，父母要釐清事情的責任歸屬權，如果責任是屬於孩子該負責的部分，就放手讓孩子自己去承擔，如此他才能學會管好自己的事情，負起該負的責任，即使被老師處罰，這也是負責的表現。不過說真的，孩子很聰明的，假如爸媽不幫他忙，他就會自己想辦法變出一根紅蘿蔔來的。

另外，果斷型的父母喜歡所有的事情都井然有序，把家整理得乾乾淨淨，明亮舒適，偏偏隨性型的孩子房間永遠亂七八糟，而且不讓父母幫他整理打掃。這種狀況常造成親子之間的衝突，這該如何是好？

首先父母要跟孩子約法三章，孩子的房間歸屬他的私人空間，絕不幫他整理，他可以隨心所欲，但是如果有蟑螂、螞蟻或一些不堪的味道從他房間跑出來，你就要把他房間東西全都清理出來（要說到做到）。而出了他自己的房間，屬於全家人使用的公共空間，他就得遵守家裡的規矩，維持整齊與清潔。

為什麼要這麼做呢？因為隨性型（P）的人房間東西雖亂，但卻是「亂中有序」，他們總是可以在果斷型（J）父母眼中的「垃圾堆裡」馬上拿出他們需要的東西，假如別人幫他整理後，一切雖變得井然有序，清潔明亮，但是他卻不知道要找的東西放在哪裡了。父母理解這性格傾向的差異後，就一定要放手，這對他是一種尊重。

　　以隨性型孩子的觀點來看，果斷型的父母強調結構、秩序和計畫，根本是多此一舉。因為他們不需要靠那些計畫來得到安全感，而且還覺得受到限制、不被接納。例如：媽媽和孩子約定時間碰面，當媽媽到達時，到處都找不到孩子，著急又擔心，難道孩子忘了時間？還是在附近閒逛？最後看到他跑到書店的角落看書。問他為何不在約定的地點等，隨性型孩子說：「我以為約定七點只是個大概，而你到了就會來找我。」

　　以上述的例子來說，孩子以為媽媽應該跟他一樣，看不到人就會到處找找，隨機應變，卻沒想到媽媽是個會將行程詳細規劃的人，她一定會在約好的時間地點來接人，假如看不到孩子就會十分著急。因此，許多果斷型的父母會認定孩子行事散漫，沒有責任感，以後就聽大人的安排就好了，孩子不需要有其他意見，孩子也會覺得委曲，認為父母都在限制他。在瞭解性格類型之後，應該可以知道，生活習性的不同是天生的差異，並不是孩子故意要唱反調。

　　這不是對或錯的問題，果斷型的父母要學習把期盼的事情說得更明白些，和孩子一起找出兩人都同意且行得通的方法。在生活中，像上述這樣的小事情，都會因期待不同而可能發生摩擦，在面對重大問題、人生目標和親密關係時，因為彼此性格的差異、看法也會有更大的差異。所以要養育一個性格類型不同的孩子，需要花更多的心力。

隨性型（P）的父母
果斷型（J）的孩子

果斷型（J）的孩子常會問隨性型（P）的父母：「今天有什麼計畫？」隨性型的父母本身對生活的要求不會有太多的規定，看到果斷型的孩子似乎都是那麼循規蹈矩、自動自發、頭腦清楚，穩當可靠，不用父母操心，覺得孩子將來一定大有出息，會是一個成功的人物，因為這一切都是父母嚮往自己能夠做到，而永遠做不到的。如果事情僅止於此，該算是好消息了。遺憾的是果斷型與隨性型常因性格原因而格格不入。

在隨性型的父母看來，果斷型孩子頑固倔強，甚至被認為自我中心。其實果斷型孩子大多時候，希望家中每個人都按規矩來做事，他自己的東西不喜歡別人動它，或沒有經他同意就拿去用。父母能了解，並尊重他需要維護自己擁有權，那就沒事了。

隨性型父母萬事不管的態度，可能會讓果斷型的孩子沒有安全感。他們常會覺得：「家裡到底有沒有人在管事情啊？還是我得訂出規則和計畫來？」這類孩子常會設法讓隨性型的父母更有效能一點，例如：把學校代辦的事項清單列好、活動開始前提早十五分鐘提醒父母，以求萬全準備。

隨性型的父母比較不會規定孩子幾點上床睡覺，果斷型的孩子會覺得：「父母沒有規定我什麼時候就寢或熄燈，我想怎麼做就怎麼做，真懷疑他們是不是真的關心我？如果有朋友打電話來約我，我就假裝問問父母，准不准？」不過，果斷型的孩子長大成年後，也許會感謝隨性型父母給他們足夠的發展空間，知道這個世界永遠有快樂的事情

可以期待，有時候工作不必是第一優先，只是在孩提時代，會感到沒人幫忙，孤立無援。

另外，**隨性型（P）的父母重視體驗的過程，對目標的達成沒有那麼執著；但果斷型（J）的孩子很有主見，做事積極，講求效率，並且要依照他的標準來做**，有時候會覺得自己的父母太過鬆散，不管家裡的事情，許多事情反而要他們來做主、下決定，這時隨性型的父母可能會覺得孩子在為所欲為。有時候我們會聽到孩子這麼說：「不是那樣的，看見嗎？像我這麼做。」、「快說，我等你馬上回答！」、「誰收拾屋子啦？東西就該這麼放嘛！」、「你說今天晚飯我們吃麥當勞的，為什麼改吃披薩了？」雖然隨性型的父母對孩子有很大的包容性，但在這情況之下，還是要教導孩子對父母的態度、禮貌、規矩、說話語氣等，必須遵守尊卑長幼的序位才行，以免養成習慣，在外或將來在職場上影響他的人際關係。

「養育」是長期而有目標的事還是「隨遇而安」

果斷型（J）與隨性型（P）的性格類型關乎生活型態與學習態度，因此是教養方式的重中之重。假如父母和孩子恰好是站在對立的兩極，就會在日常家務中呈現不同的習性，這也是衝突的最大來源，所以，接下來將從父母的角度，提出面對兩個類型的孩子時，相應的教養與溝通策略。

●果斷型的父母（J）

對果斷型（J）父母來說，「養育」這件事是長期而有目標的，他們管束孩子在防範未然，保護孩子避免意外。尤其是思考果斷型（TJ）的父母比較會掌控一切，總會希望能夠在各方面都幫孩子設想周到，規劃完整，因此常會認為隨性型（P）的孩子過分散漫，不夠積極。然而對隨性型的孩子嚴厲管教，只能取得短期效應，過不久孩子又故態復萌，回到老樣子。父母不得不故技重施，強迫孩子就範，如此循環不已，衝突也就常常發生。平心而論，隨性型的孩子是帶給父母歡樂的開心果，如果明白性格類型並適性教養，就比較能欣賞孩子那種自由自在、無憂無慮的率性，以後在競爭壓力極大的社會中，也不用擔心他會被擊垮。果斷型的父母在了解孩子與自己性格傾向的差異後，就可以安心的放手，欣賞孩子與我們性格上的不同，不要事事掌控，要適時放手，看隨性型的孩子如何優游自在，和孩子一起享受親子之樂。

●隨性型（P）的父母

而對隨性型（P）的父母對「養育」這件事的想法，就是隨遇而安吧，他們假如有果斷型（J）的孩子，會覺得好幸運喔，孩子真的表現太好了，不用再管了吧，有些果斷型的孩子甚至會協助隨性型的父母規劃家庭事務呢。隨性型的父母會陪伴孩子玩樂，支持孩子的決定，相較之下，家庭氣氛會比較和樂，衝突也比較不會發生。他們善於以柔克剛，就像拳擊時，順著拳頭打來的方向轉，為了緩和緊張關係，常會和孩子鬥法，今天為了解決眼前的狀況，採取一種戰術，明天碰到另一種情況，又想到別的方法，隨性型的父母會和孩子玩得很開心，但是果斷型的孩子有時還會覺得父母過分鬆散，相當無奈呢。

190

教養不同調，溝通有訣竅

教養孩子時，屢見不鮮的就是長輩和伴侶意見不同，因而引發生家庭成員之間的衝突。仔細觀察，大家溝通不良的原因常是因為性格傾向（偏好）差異所致。假如能瞭解彼此不同的行事風格、說話模式及生活習性，找到對方能接受的互動及溝通方法，不但家庭氣氛會比較安寧和諧，在教養孩子的問題上也會收到事半功倍之效。接下來，我們就以下列幾種典型來探討家庭成員之間的性格類型問題。

不要挑戰思考果斷型（TJ）家庭成員的權威

思考型（T）（做決定的方式）的人最擅長的就是理性思考、就事論事、分析前因後果、評論、講求事情的合理性；而果斷型（J）（生活做事的態度）的行事風格則是果斷精練、講求效率、個性較急、依照規劃做事，所以思考果斷性格類型的人很容易成為嚴肅冷漠、強勢權威的指導者。

生活上的衝突往往起源於一些瑣事，但是沒有好好處理，最後造成了星火燎原。這類型的人非常重視長幼階級之分，和他相處，不要去挑戰他的權威，不要在當下反駁他或解釋，他會認為是在頂撞他。他們不是無法溝通，只在家人面前或是大庭廣眾之下，要以和為貴，顧及他的面子。

191

因為傾向思考型（T）的人善於分析事情的前因後果，重視事情的合理性，是非對錯分得很清楚，並且能夠講道理，即使當下他表現得強硬，但是事後他會去思考，大多數領導型的人物都傾向這類型。加上是果斷型（J）傾向，個性會比較急，遇到事情時，渴望事情能馬上獲得解決，以至於思考果斷型（TJ）的人，表現會讓人感到敵對、固執與堅持，思考果斷型的人，希望所有的事情都能依照他的規劃，並且在能控制的情況下進行，如此才會覺得安心，因此，在日常生活中總會有主導掌控或嘮叨的行為。

他們說話直接常帶有批判性，但並不是批評或責難甚至攻擊，他們只是針對事情，指出事情錯誤的地方，並立即解決。這與情感型（F）的人完全不同，情感傾向的人，經常會把思考型（T）的人所說的話，認為是對他個人的批判、責備或貶損，而導致內心受傷或引起衝突。

情感型性格的人，假如能理解其他家人都是思考果斷型（TJ）之後，對他們說的話就不要去在意，放在心上。對思考果斷型的人來說，事情講清楚就好，所以要跟他們溝通時，一定要先整理好自己的情緒，把事情先條理化，再和他們溝通討論，最後再讓他知道你的感受，希望他以後可以怎麼做。

換個角度想，幸運的是孩子在自己嚴格的教養下，能有個喘息的機會。至於長輩的部分，則可透過日常聊天時，聊一些專家對孩子教養的研究，或看電視以及新聞事件的分析，讓彼此瞭解孩子應從小養成規律的生活、好的行為規矩、規範、禮貌及做事負責積極的態度，未來比較能把書讀好，甚至以後在社會職場上能獲得上司的信任，有所成就。思考果斷型的人聽了之後，會去分析深思自己的作法，探索什麼是對孩子最好的幫助。

給予思考隨性型（TP）家庭成員信任與包容

思考隨性型（TP）的人有著思考型（T）傾向，理性、客觀、善於解決問題、能就事論事的優點，也有隨性型（P）的自在彈性，能隨機應變的特質。

就像家裡的地板已經1個月沒打掃，假日應該要清理了，但是孩子吵著要去動物園玩，如果是思考果斷型（TJ）的媽媽一定會先把地拖完，家裡整理乾淨後才能放心出門；而思考隨性型的媽媽被孩子一吵，她就會想，孩子的成長只有一次，最好讓他們自由自在地玩耍，動物園白天才會開放，拖地可以晚上再做啊。想好之後就會帶孩子開心地出門，拖地的事之後再說吧。在她的想法裡，規範雖然很重要，但她不會太嚴格去遵守，甚至自己就是破壞規則的人。

思考隨性型的伴侶或家中長輩，常會被認為過度寵溺孩子，其實並非如此，只是因為個性使然。簡單來說，隨性型的家長會認為孩子需要教導，也需要學習，但是不會去約束或規定孩子的行為，一定要怎樣才是守規矩，或是不會要求孩子什麼時候要完成功課，幾點一定要上床睡覺，甚至是玩具該放在那裡，都不會要求凡事要照表操課。因為他們本身就不會把東西整理得井然有序，他們覺得生活就是亂中有序，當你跟他們要東西時，他一定可以從雜物堆中馬上找出來給你。

同樣做一件事情，果斷型的人早就按照計畫完成了，隨性型的人，可能尚未動手開始做，時間緊迫了，他們仍不急不徐，抱著能做多少算多少的信念，還會反問，為什麼一定要達到什麼目標才行呢？做的過程也很享受啊！他們無法按照規劃的時間做事，規定與期限讓他們感覺到被束縛，綁手綁腳很難受。在他們內心裡有一座時鐘，讓

他們按照自己的步調來做，要他們照表操課簡直是不可能的事。他們渴望別人能信任他們處理解決事情的能力，給他們有彈性的時間和空間來做事比較適切。

有時候，隔代教養會有遇到長輩與自己的教養方針不同的時候，如果在孩子教養過程中，長輩是思考隨性（TP）型時，要了解這類型的人是有思考型（T）的優點，能明辨是非，講道理，做事有原則。這類型的人，對生活的一些習慣不太要求，最重要的是你必須放手，接納他的教養孩子的方式，信任對方會孩子把孩子照顧得好，感謝他能給孩子一個快樂的童年。至於孩子的規矩禮貌，做為爸媽的就關起門來，自己教導要求孩子。

與情感果斷型（FJ）的家人，建立親密關係，感謝他們的付出

情感型（F）的人是**溫和、善解人意、充滿愛心、重視和諧、害怕衝突的**，而**果斷型（J）**（生活做事的態度）的人**講求效率、個性較急、依照規劃做事**，所以要跟情感果斷（FJ）型的人相處，需要什麼法門呢？

情感型的人通常給人的感覺是溫暖親切、具有同理心、覺察別人的需求而主動給予幫助和溫暖。他們很重視人際關係的和諧，很少和別人衝突，並且渴望家庭和樂，關係親密。基本上，她們是仰賴「感受」在過日子，周遭的人、事、物很容易觸動她的敏感神經，非常在意別人對他的評價，有時無心的一句話，尤其是家人講的話，就會讓她們感到受傷。他們特別需要別人，尤其是家人的肯定與讚賞，來建立他的信心。

簡單來說，情感型（F）的人具有傳統的家庭觀念，她們願意犧牲自己，也要滿足家中每一個人的需求。假如又有果斷型（J）的處事態度，就會堅持符合社會價值的事情，固執的要求家人都能配合做到。

情感果斷型（FJ）的人會認為「家」的基本要素是和諧與親密，她會打理家中的所有的事物，對家人的生活起居都照顧的無微不至，也能覺察家人的需求，給予鼓勵和讚賞。她們迫切希望伴侶和孩子能看見她的辛苦與付出，同樣地以溫暖回報她，讓她感覺到被家人需要與被愛。「愛」對她來說是很重要的一件事情，家庭要有愛才是一個家。所以當這樣的長輩在照顧孫子時，你可能會聽見她在問孩子：「你愛不愛奶奶啊？」假如孩子回答「愛」，她就非常開心，對孩子又抱又親。她寵愛孩子，但也會要求規範孩子的行為，重視孩子的規矩、禮貌與態度，教導孩子如何體諒幫助別人，因此可以很放心的把孩子交給她。

有事情要跟情感果斷型（FJ）的長輩溝通時，最好是選在私下兩人的時候。首先要注意態度語調，因為他們很敏感容易受傷，所以要很溫和地講話。其次，要接納他們的情緒與感受，即使有衝突時也不用多說什麼，道歉後擁抱他一下就好。平常就要跟他們維持良好關係，經常打電話問候，回家時買個小禮物或長輩喜歡吃的東西，最重要的是要感謝他們為家人所做的事情，常常誇獎她：「媽媽，孩子這麼調皮，辛苦你了！」、「媽媽，你的手藝真好，我和孩子最喜歡妳煮的菜了！」。

她們對事情有自己的看法與價值觀，有時候不太容易說服她，比如說，她覺得維持身體健康一定要補充營養品，所以買了一大堆營養品，不但自己要吃，也會要求其他家人吃；又或者她堅持每天要幫家人孩子準備早餐，而耽誤大家趕公車的時間，又或是她會要求你怎麼

教養孩子才對等等……，當家人說不動她時，最好藉由第三者像是親戚、朋友、專業人員來跟她溝通。當然也可以在氣氛好的時候提起：「媽，今天剛好到雜誌上有一篇文章，我覺得不錯，也給你看看！」利用報章雜誌的報導來跟她分享討論。

同樣的，對情感果斷型（FJ）的伴侶也是如此，他們疼愛孩子，經常會誇獎孩子，幫孩子打理大小事情，有時會讓人擔心，孩子會不會變成媽寶。然而，只要，引導孩子學會感恩，回報他們滿心的愛，孩子不但不會變壞，還會更有自信。

包容和感謝情感隨性型（FP）的家庭成員

從性格類型的觀點來看，傾向情感隨性型（FP）的人，即興做事，隨心所欲，有時候會無視規則或既定的規範，因此他們也不會約束或限制孩子的行為，會讓孩子自由發展。他們有自己的價值觀，不會遵循社會主流約定成俗的方式去做。

情感隨性型性格傾向的人，個性靈活隨性，但卻十分擔心衝突，別人不經意說出的批評，也會讓她感到受傷。當她與人意見不合時，會找到自我調適的方法，像是獨自離家去旅遊，找朋友玩樂讓事情結束。和他們溝通的時候，最重要的還是要表達對他們的感謝，甚至撒撒嬌，以幽默的方式、口氣和他們溝通，這會讓他們感到十分受用。藉由第三者和他溝通，當然也是一個很好的方法，因為他們很重視別人的意見，也很容易受到他人的影響，就改變自己本來堅持的事。然而說真的，江山易改本性難移，換個心情換個角度，欣賞情感隨性型樂天的性格，放開吧！就跟他穿上同一雙鞋子，一起玩樂，輕鬆開心的過生活。

面對彼此的個性差異

　　以上整理出四種性格類型，當您的個性和這些類型不同時，要先停下來思考一下，瞭解各自天生對事情的看法、感受、表達的不同模式，到底差異在哪裡。參考運用在家人或伴侶溝通時，可以用他們的語言，說他們想聽的話，達到有效的溝通，讓事情圓滿解決。

　　同樣性格類型的人，對事情的看法、態度及做事風格會比較類似，在溝通上減少很多衝突。我曾看過一對婆媳，他們倆都是思考隨性型（TP），兩人說話都是很順暢地一來一往，婆婆對媳婦說：「你煮這是什麼菜，無滋無味，怎麼吃？」媳婦直接回答：「嫌我煮得不好吃，那你來煮啊！」像這樣非常的直接毫不掩飾，難道不會造成婆媳衝突嗎？我問這婆婆說，你不會生氣啊？她回答我，有什麼好氣的，我們都是這樣，人家都說我們比母女還好呢！

　　如果彼此的性格類型不同時，不了解對方就很容易發生誤解或衝突。上述的四種性格類型，沒有誰對或誰錯，也沒有好壞，因為每個人原生家庭的教育、生活環境、文化等的不同，還是會有些差異，因此不能把它們拿來當標籤，貼在別人身上。

當然，溝通時的態度、說話的語調、表情和時機，都是很重要的基本要素，尤其是平常就要建立良好的關係，無論是先生或婆婆、孩子，每一個人都有自尊心，最好不要在所有家人面前糾正對方，把自己的心情整理好，再找適當的時間和空間，和他們溝通。

溝通時態度要溫和，懷著一顆感恩與體諒的心，先具體說出感謝對方的話（即使是伴侶，也要感謝對方對這個家的付出），談些輕鬆的話語，再帶入正題。

思考果斷型（TJ）和思考隨性型（TP）的人，他們比較重視事情的合理性，可以和他們分享專家的研究報告；情感果斷型（FJ）或情感隨性型（FP）的人，必須先安撫它們的情緒，同理他們的感受，聊聊社會上曾發生類似的事件，或請第三者出面幫忙也是個好方法。

最後，無論是對公婆、伴侶，我們都要時刻懷著一顆感恩的心，謝謝他們為這個家的付出！

附 錄
1

關於孩子性格特徵的
40 個為什麼？

 【 內向型 I ｜外向型 E 】

Q1 為什麼我的孩子從小很怕生？（I）

答 內向型（I）的人天生對外在世界的人、事、物有著莫名的畏懼感，以至於孩子看見陌生人或到一個沒有去過的地方，內心會覺得害怕或畏縮。他們會先觀察環境，然後再慢慢地融入參與。所以，內向型的孩子經常會在上幼稚園的第一天，哭著、黏著媽媽不放，也不進教室。遇到這樣的情況，父母可以在孩子進幼稚園上課前，先帶著他到學校玩，看看其他孩子上課的情形，讓孩子熟悉環境，引起他上課的興趣與信心。

Q2 為什麼孩子經常上課愛講話，
讓老師處罰了孩子依舊不改？（E）

答 外向型（E）孩子不分任何場合、時間，心裡想到什麼就想要說出來，目的是想和別人分享他的想法，即使在課堂上，老師在上面講課，他也忍不住想馬上跟鄰座的同學說話，即使干擾課堂秩序，被老師處罰，他還是會傳紙條，老師無可

奈何，只好告知家長。有些學生確實會故意和大人做對，但外向型的孩子，在幼稚園、小學階段，多半無法控制自己，有時候早上被老師處罰過後，到了下午可能就忘了，然後又故態復萌。這並不是故意跟老師做對，而是天生性格使然，所以父母老師要了解外向型孩子的特質，大可不必跟孩子生氣，而是要提醒他、問他問題，讓他發表上課的學習心得。

Q3 為什麼孩子讀書做事很容易被周遭的事物吸引而分心？（E）

答 外向型（E）孩子的注意力是往外的，所以周遭環境的一些聲音，或人物走動等等，都會引起他的好奇心。例如，路上發生事故時，那些圍觀的人很可能都是傾向外向型的人。

Q4 為什麼孩子經常把家裡的大小事情主動告訴別人？（E）

答 外向型（E）孩子，說話的目的是要分享，通常他們不了解也分不清楚什麼事情可以公開，或有什麼事情需要保密，所以逢人就會主動的說個不停。

Q5 為什麼孩子總要問一句才答一句，不然就回答：「我不知道啦！」（I）

答 內向型（I）的孩子無法馬上回話，必須先想一想要怎麼回答之後，才會說出來，因此會讓人覺得好像反應比較慢，所以，在問他們事情時，不要催促，給他們時間思考後，再回答你的問題，他們一定會回答得非常完整。

Q6　為什麼孩子假日總是宅在家，好像沒什麼朋友？（I）

答　內向型（I）的孩子需要獨處的時間和空間，喜歡寧靜的環境，讓他可以一個人靜靜地思考，探索內心世界。雖然他們朋友不多，但都是知心好友，而且現在的網路發達，可以和外界聯絡，也能和朋友交流溝通，所以爸媽不用擔心，他雖然宅在家裡，卻能知天下事喔！

Q7　為什麼孩子假日老是想往外跑，
　　　不容易靜下來待在家裡？（E）

答　外向型（E）孩子的能量是外放的，有用不完的精力，喜歡和別人互動，所以不是跟朋友出去玩，就是找同學一起去打球、看電影，發洩他的精力。

Q8　為什麼孩子在大人說話時喜歡打岔？（E）

答　外向型（E）孩子喜歡跟人互動聊天，會迫不及待把想到的事情說出來跟人家分享，同時比較不容易傾聽別人說話，或聽別人把話說完。所以讓內向型（I）的父母、長輩或同儕覺得他在打岔。

Q9　為什麼孩子長大後，很少跟我們聊天？（I）

答　內向型（I）的孩子長大後，漸漸地開始希望擁有自己的隱私與獨處的空間，不會再像小時候跟在爸媽身旁說個不停了，因此會讓爸媽感覺似乎距離越來越遠，事實上，他們還是非常的愛爸媽的。

201

Q10 為什麼孩子從小就不吵人
自己獨自一人玩他的玩具？（I）

答 內向型（I）的孩子喜歡靜靜的玩玩具，一個人在頭腦裡探索他觀察到的事情，或演練他所學習的課業及知識，父母看他坐在那兒好像在發呆，其實他頭腦，可是忙著一秒也沒空閒下來呢！

【 直覺型 N ｜ 實感型 S 】

Q11 為何孩子考試總是粗心大意
考試經常漏掉題目沒有作答？（N）

答 直覺型（N）的孩子思考跳躍，不注重細節，當他看到熟悉的題目馬上就填寫答案，即使整張考卷做完後，再次檢查時，同樣很容易就跳過而不知道。

Q12 為什麼孩子小考月考考得好，
但遇到期末考或大考就失常？（S）

答 實感型（S）的孩子謹慎細心，課本的每一行每一個字都會讀的很仔細，並背起來，平常小考或月考的考試範圍比較小，考試內容也比較細，對實感型的孩子有優勢，也會比直覺型的孩子成績優秀。但到了期末考或是升學考試，有比較大的

範圍，必須將所有課本相關的內容重整，理出整體概念融會貫通才行，這時候實感型的孩子就容易失分了。可以讓孩子參加課程總複習的課後加強班，幫助他做統整學習。

Q13 **為什麼我說話時，孩子沒耐心聽完，就自己動手做？（Ｎ）**

答 直覺型（Ｎ）的孩子思想天馬行空，喜歡新奇和新鮮的東西，加上思考敏銳，他聽到前面就覺得他知道了，所以就自己先動手做。因此在教他的時候，一定要說重點，再加細節，並且叫他複誦一次，以確定他瞭解所有的事情。

Q14 **為什麼孩子需要一步步仔細說明教導，她才會開始動手做？（Ｓ）**

答 實感型（Ｓ）的孩子擔心遺漏其中某個細節或步驟，沒有把事情作好，因此喜歡按部就班依順序來完成工作，這樣才能放心。

Q15 **為什麼孩子的課本畫滿各種顏色的重點，幾乎全部都是重點？（Ｓ）**

答 實感型（Ｓ）的孩子注重細節，課本的內容必須從頭到尾且一字不漏的讀，才會感到安心。

Q16 為什麼孩子東西不見或被移動位置卻毫無知覺？（N）

答 直覺型（N）的孩子看東西是圖像化、全面性的，比較細節的部分他不會注意到。舉例來說，你拿走他的杯子，除非哪天他要用時，才會發現找不到了，平常他經常是視而不見的。

Q17 為什麼孩子看到喜歡的東西，
即使很貴也要買？（N）

答 直覺型（N）的孩子天生就比較浪漫、喜歡新奇、有創意跟夢幻美麗的東西。只要他的感覺對了，毫不考慮現實的價格，或東西是否實用就要買。

Q18 為什麼孩子寧願把錢存起來，
也捨不得買喜歡的東西？（S）

答 實感型（S）的孩子務實、節儉，重視東西的實用性，一塊錢當兩塊錢用，買東西的時候經常會先比價，考慮東西是否實用，是否物超所值，值不值得買。

Q19 為什麼孩子學習一項技藝，
新鮮感過了，就想換別的學？（N）

答 直覺型（N）的孩子喜歡新奇的東西，學東西時，嘗試過新鮮感沒了，就沒興趣了，想嘗試學習新的東西。這類型大人也有類似情形，比如他們會經常換工作。

Q20 為什麼孩子說話很瑣碎，似乎無法抓住要表達的重點？（S）

答 實感型（S）的孩子讓人感覺說話很瑣碎，是因為他們不會先把重點說出來，他們說話時也和他學習的方式一樣，要按照事情經過的順序一一說明，深怕遺漏每一個細節。可以教導他說話前先整理，說重點後再敘述經過。

【 思考型 *T* ｜ 情感型 *F* 】

Q21 為什麼孩子凡事都要追根究柢？（T）

答 思考型（T）的孩子面對事情時，會想要了解事情的前因後果，並會去分析合不合理，合不合邏輯，所以他們從小就很喜歡問：「為什麼。」

Q22 為什麼孩子很容易掉眼淚？（F）

答 情感型（F）的孩子比較敏感，感情豐富，具有同情心與同理心，當事情觸動他們的情緒與感受時，愉快的事情就會開心的笑，感到難過或受傷的時候就會哭。

Q23 為什麼孩子在學校被欺負也不敢反擊？（F）

答 情感型（F）的孩子，非常害怕衝突，被欺負的時候，為了

保持關係和諧，寧可忍讓或委曲，甚至壓抑，而不會做出反擊行動。

Q24 為什麼孩子在兄弟姊妹之間，什麼事情都要區分清楚才行？（T）

答 思考型（T）的孩子非常重視公平、公正，一切按照訂好的規則走，所以容易被誤以為是斤斤計較，或是自私，其實並不是這樣的，而是抱持著「我不占人便宜，別人也不要來占我便宜」的觀念，這是天生的性格使然。

Q25 為什麼孩子得理不饒人？（T）

答 思考型（T）的孩子凡事都要講道理，他覺得不合理的就會跟你爭辯，同時他只針對事情，他認為合理的就會強硬堅持，不會想到別人的感受，或者會不會破壞和諧，以至於讓人感到得理不饒人。

Q26 為什麼孩子經常都把事情都往自己身上攬，而不敢拒絕？（F）

答 情感型（F）的孩子天生就有犧牲奉獻的精神，抱持著人生以服務為目的的信念，加上擔心同學老師不喜歡他，甚至為了討好別人，而不敢拒絕別人的請求或拜託。

Q27 為什麼孩子讓我感覺不貼心？（Ｔ）

答 思考型（Ｔ）的孩子面對任何事情，會馬上動起頭腦分析判斷，
不像情感型的孩子，會先去理解別人的感受和需求，因此經
常讓父母覺得不夠貼心，有時候會感覺孩子比較冷淡疏離。

Q28 為什麼孩子好辯，說話直接常得罪人？（Ｔ）

答 思考型（Ｔ）的孩子，凡事都要跟你講道理，他覺得不合理
的地方，就會跟你辯到底，說話又比較直接，經常給人批判
的感覺，而得罪人自己卻不自知。

Q29 為什麼孩子那麼敏感，在乎別人的眼光和說的話？（Ｆ）

答 情感型（Ｆ）的孩子，天生就對自己比較沒有自信，需要別
人尤其是父母對他的稱讚及肯定，來建立自我價值感與信
心，別人的一個眼神或一句話，都有可能讓他開心半天或覺
得受傷。

Q30 為什麼孩子想要什麼都要拐彎抹角，不敢直接說？（Ｆ）

答 情感型（Ｆ）的孩子擔心別人不喜歡他或被拒絕，經常不敢
提出要求，只好用迂迴的方式來表達，更不敢對別人做出負
面的評論，以免破壞和諧。

Q31 為什麼孩子很容易緊張？（J）

答 果斷型（J）的孩子比較急性子，做事情都希望趕快完成，沒有完成就放不下心，感覺上比較容易緊張。

Q32 為什麼孩子總是漫不經心，天塌下來也無所謂的樣子？（P）

答 隨性型（P）的孩子天生就比較隨興、樂觀，喜歡依照自己的步調做事、玩樂。事情沒有完成也不會在乎，很能自我調適。

Q33 為什麼孩子做功課總是拖拖拉拉？（P）

答 隨性型（P）的孩子會邊做功課邊玩耍，對他來說這充滿了樂趣，認為事情逼到最後一刻再趕出來就好。

Q34 為什麼孩子房間很亂，卻不讓爸媽幫忙整理？（P）

答 對隨性型（P）的孩子來說，整整齊齊的環境會讓他感到束縛不自在，雖然他的東西看起來很亂，但在他看來是「亂中有序」。雖然是在雜亂中，但他都知道東西放在哪裡，爸媽幫他整理後，他反而找不到他要用的東西。所以父母就要劃分空間使用權，他的房間屬於他的私人範圍，不要亂到客廳或其他的房間就好。

Q35 為什麼孩子只要動過他的東西，
他就會知道並且很生氣？（J）

答 對果斷型（J）的孩子而言，所有的東西一定要放在固定的
地方，這些都是經過規劃過，整整齊齊井然有序地擺放，這
樣他才能很有效率、快速地拿到他要用的東西，所以他不希
望別人動他的東西，以免把秩序弄亂。

Q36 為什麼孩子經常得熬夜，
才願意把報告完成？（P）

答 隨性型（P）的孩子喜歡邊做邊玩，學校要做報告時，他想
蒐集更多的資料再一口氣完成，以致於拖到最後一刻，時間
緊迫了，才熬夜把報告趕出來。父母不用替他擔心，讓隨性
型的孩子按他自己的步調完成報告即可。

Q37 為什麼有任何計畫都得提前幾天告知，
孩子他才願意配合？（J）

答 果斷型（J）的孩子，凡事都要事先規劃，什麼時間做什麼
事情，也會自己製作日程表。如果沒有提前告知他，沒在他
已經規劃好的行程內的事情，會打亂了他的計畫和思緒，而
感到焦慮和緊張。

Q38 為什麼孩子做事不夠積極，
似乎沒什麼企圖心？（P）

答 隨性型（P）的孩子喜歡冒險、靈活、隨機應變，所有的事情隨時都可以改變，事前規劃對他來說是一種約束，做事的過程就是一種玩樂和享受，他不在乎結果，不會要求事情一定要達成什麼目標，感覺沒有企圖心，但是只要他真正想要達成的事情，他卻比任何人都勇於冒險，認真去做。

Q39 為什麼孩子好像是家中的管家？（J）

答 果斷型（J）的孩子，喜歡所有的事情都能有計畫，事先規劃，講求效率，做事有條有理，無法忍受雜亂的環境及做事拖延的行為，所以就像家中的管家。

Q40 為什麼孩子急性子做起事來像拼命三郎？（J）

答 果斷型（J）的孩子，所有的事情都會訂定目標，且嚴格自我要求，使命必達，必須把事情完成才能放心，往往拼命地希望能提前把事情完成達標。

參考書目

◎ 中文書籍（依姓氏筆劃排序）

- 吳康、丁傳林、趙善華（譯）（1999）。心理類型（上）、（下）。
  台北市：桂冠，（C. G. Jung（榮格），1921）
- 李佳俊（譯）（1994）。16 種性格透視。
  台北市：方智。（Otto Kroeger.,Janet M. Thuesen.,1988）
- 易之新（譯）（2011）。榮格心理治療。
  台北市：心靈工坊。（瑪麗 - 路薏絲・馮・法蘭茲（Marie-Louise von Franz），
  2001）
- 易之新（譯）（2012）。榮格人格類型。
  台北市：心靈工坊。（達瑞爾・夏普（Daryl Sharp），1987）
- 胡玉立（譯）（2007）。媽咪 Style。
  台北市：久周。（珍娜・潘莉（Penley, Janet P），黛安・艾波（Eble, Diane），2007）
- 黃越綏（2010）。婆婆，是家人不是外人。台北市：春光。
- 劉燁（2005）。榮格性格哲學的智慧。台北市：文提工坊。

◎ 外文書籍（依姓氏筆劃排序）

Allen.L.Hammer.（1993）. Introduction to Type and Career

Alice M.,Lisa L. Fairhurst.,（1995）. Effective Teaching Effective Learning

Damian Killen Danica Murphy.（2003）. Introduction to Type and conflict

Donna Dunning.（2003）. Introduction to Type and communication

Donna Dunning.（2003）. Introduction to Type and Learning

Elizabeth Hirsh., Katherine W. Hirsh., Sandra Krebs Hirsh.（2008）. Introduction to Type and Decision Making

Elizabeth Murphy.（2013）. The Developing Child

Isabel Briggs Myers（1976）. Introduction to Type by Isabel Briggs Myers

Jane A.G.Kise.（2017）. Diffeerentiated Coaching

Margaret U. Fields., Jean B. Reid.,（1999）. Shape Up Your Program: Tips, Teasers & Thoughts for Type Trainers

Marci Segal.（2001）. Creativity and Personality Type

NancyJ.Barger., Linda Kirby.（2004） Introduction to Type and Change

Roger R.Pearman.（2002）. Introduction to Type and Emotional Intelligence

好家教系列 SH0169X

MBTI® 啟動孩子的優勢潛能教養法
—— 破解 16 型性格密碼，輕鬆溝通、適性教養　【暢銷修訂版】

作　　者／潘美礽、蔡翠華
選　　書／林小鈴
主　　編／梁瀞文

行銷經理／王維君
業務經理／羅越華
總 編 輯／林小鈴
發 行 人／何飛鵬
出　　版／新手父母出版
　　　　　台北市南港區昆陽街16號4樓
　　　　　電話：02-2500-7008　傳眞：02-2502-7676
　　　　　網址：http://citeh2o.pixnet.net/blog E-mail：H2O@cite.com.tw
發　　行／英屬蓋曼群島商家庭傳媒股份有限公司城邦分公司
　　　　　台北市南港區昆陽街16號5樓
　　　　　書虫客服服務專線：02-25007718；02-25007719
　　　　　24小時傳眞專線：02-25001990；02-25001991
　　　　　服務時間：週一至週五上午9:30-12:00；下午13:30-17:00
　　　　　讀者服務信箱E-mail：service@readingclub.com.tw
劃撥帳號／19863813；戶名：書虫股份有限公司
香港發行／香港灣仔駱克道193號東超商業中心1樓
　　　　　電話：852-2508-6231　傳眞：852-2578-9337
　　　　　電郵：hkcite@biznetvigator.com
馬新發行／城邦（馬新）出版集團
　　　　　41, Jalan Radin Anum, Bandar Baru Sri Petaling,
　　　　　57000 Kuala Lumpur, Malaysia.
　　　　　電話：603-9057-8822　傳眞：603-9057-6622
　　　　　電郵：cite@cite.com.my

部分內頁手繪圖／何心妤、林劭禹
美術設計／鄭子瑀
製版印刷／卡樂彩色製版印刷有限公司

修訂一版／2024年10月15日
定　　價／450元
ISBN　978-626-7534-02-1（平裝）
ISBN　978-626-7534-06-9（EPUB）

城邦讀書花園
www.cite.com.tw

國家圖書館出版品預行編目資料

MBTI® 啟動孩子的優勢潛能教養法：破解 16 型性格
密碼，輕鬆溝通、適性教養 / 潘美祁，蔡翠華著 .
-- 修訂一版 . -- 臺北市：新手父母出版：
英屬蓋曼群島商家庭傳媒股份有限公司城邦分
公司發行，2024.10
　　面；　公分 . -- (好家教；SH0169X)
ISBN 978-626-7534-02-1（平裝）

1.CST: 親職教育　2.CST: 人格心理學

528.2　　　　　　　　　　　　113013671